ISTRUZIONI PER L'USO DELL'ITALIANO IN CLASSE 3
22 giochi da tavolo

CW00825432

ISTRUZIONI PER L'USO DELL'ITALIANO IN CLASSE 3
22 giochi da tavolo

ISTRUZIONI PER L'USO DELL'ITALIANO IN CLASSE

3

22 giochi da tavolo

Traduzione italiana di Francesca Giardini

Bonacci editore

Tratto da
22 BRETTSPIELE ITALIENISCH
a cura di Anita Pfau e Ann Schmid

traduzione tedesca e adattamenti di Barbara Huter e Susanne Schauf

I giochi 1-8, 18 e 19 sono stati ideati ed elaborati da Anita Pfau;
i giochi 9-17 e 20-22 da Ann Schmid.

© Ernst Klett Verlag GmbH, Stoccarda, 2000 per l'edizione tedesca

© Bonacci editore, Roma 2001 per l'edizione italiana

Bonacci editore srl
Via Paolo Mercuri, 8
00193 ROMA (Italia)
tel: (++39) 06.68.30.00.04
fax: (++39) 06.68.80.63.82
e-mail: info@bonacci.it
http://www.bonacci.it

© Bonacci editore, Roma 2001
ISBN 88-7573-373-2

Premessa

I giochi da tavolo hanno una tradizione millenaria e appartengono al patrimonio di tutte le culture del mondo. Poiché nel gioco si rispecchia la vita umana, con le sue difficoltà e i suoi momenti felici, i giochi possono stimolare la fantasia, sviluppare il pensiero strategico, creare e mantenere contatti sociali.

Queste caratteristiche rendono estremamente interessante l'impiego di giochi durante le lezioni di lingua straniera. Con la comparsa del tavolo da gioco, infatti, si crea in classe una situazione comunicativa molto motivante, nella quale la capacità di comunicare e l'abilità strategica, abbinate anche a una certa dose di fortuna, determinano il risultato della competizione.

I giochi offrono pertanto la possibilità di:
- rendere la lezione più divertente e appassionante;
- far partecipare gli studenti* più attivamente, dal momento che devono e possono cooperare riflettendo insieme e discutendo;
- aumentare la motivazione degli studenti stimolando anche la sfera emotiva (perfino chi è stanco dopo una lunga giornata di lavoro può lasciarsi coinvolgere dal carattere competitivo dei giochi);
- tenere maggiormente conto del ritmo di apprendimento dei singoli che interagiscono in piccoli gruppi di 2-6 persone;
- sviluppare negli studenti la capacità di lavorare in gruppo, in quanto imparano l'uno dall'altro e l'uno con l'altro, assumendo almeno in parte la responsabilità del proprio apprendimento;
- fornire a chi insegna maggiori possibilità di occuparsi delle difficoltà dei singoli studenti.

L'impiego dei giochi

I giochi da tavolo qui raccolti possono essere utilizzati in diverse fasi della lezione:
1. come attività introduttive all'inizio del corso, per identificare le conoscenze dei partecipanti, nonché scoprire eventuali lacune.
   Ciò vale soprattutto per corsi di livello falso-principiante e avanzato;
2. per esercitare una determinata struttura o per approfondire un determinato argomento che si sta trattando in classe;
3. per riprendere gli argomenti svolti nell'ora precedente o quelli trattati prima;
4. per completare tematicamente le lezioni (ad esempio con il "Gioco delle vacanze" prima delle ferie o quello "di Natale" nell'ultima ora di lezione prima della fine dell'anno.

Il tempo da dedicare ad ogni gioco varia dai 20 ai 50 minuti. Se ci si rende conto che il gioco non può essere completato all'interno della lezione, la cosa migliore è stabilire subito un tempo limite. In questo modo vince il giocatore che, allo scadere del tempo, è più vicino al traguardo. L'improvvisa interruzione del gioco, infatti, potrebbe generare frustrazione nei partecipanti.

La correzione nella lezione di lingua

Nell'insegnamento di una lingua si perseguono due obiettivi fondamentali che sono apparentemente in conflitto: il primo è la correttezza dell'espressione linguistica, il secondo lo sviluppo della capacità comunicativa degli studenti, che verrebbe ostacolato da un costante intervento di correzione degli errori.

Dal momento che non è possibile concentrarsi contemporaneamente su entrambi gli aspetti dell'apprendimento linguistico, ci sono fasi della lezione nelle quali si dedica maggior attenzione all'uso corretto del lessico e delle forme grammaticali, e altre in cui viene lasciata agli studenti piena libertà di esprimersi.

Questi due momenti della lezione si rispecchiano anche nei giochi da tavolo: presentiamo qui giochi il cui obiettivo è l'uso corretto di una singola parola e di una forma grammaticale (giochi 1-4, 6-11, 14, 18 e 19) e giochi in cui è determinante comunicare (giochi 5, 12, 13, 15-17 e 20-22).

In entrambi i casi, sia che si tratti della correttezza formale, sia che si tratti dell'efficacia comunicativa, sono i giocatori a dover giudicare la validità delle risposte. L'insegnante interviene solo quando è strettamente necessario. Per il resto si limita a fornire supporto ai singoli giocatori e ad annotare gli errori ricorrenti per poterli riprendere e commentare in seguito.

Dopo i giochi del secondo gruppo, il cui obiettivo è di tipo comunicativo, è importante che l'insegnante dedichi del tempo al loro commento, mettendo in rilievo le espressioni che durante il gioco sono state usate appropriatamente o tornando in maniera mirata sui punti che evidentemente hanno creato difficoltà. Dovrebbe comunque evitare di fare un'analisi completa di tutti gli errori, in quanto ciò potrebbe turbare l'atmosfera del gioco.

Il livello di apprendimento

Per ogni gioco, il livello linguistico richiesto viene indicato attraverso asterischi che vanno da * a ****. In alcuni casi - cioè quando l'insegnante compila da sé le carte - è possibile aumentare o diminuire il grado di difficoltà attraverso una diversa scelta di materiale linguistico.

*

Un asterisco significa che gli esercizi possono essere svolti in classi di studenti principianti.
**

Due asterischi indicano gli esercizi da utilizzare in classi di livello intermedio (secondo anno di insegnamento).
***

Tre asterischi corrispondono ad un livello più avanzato (terzo e quarto anno di insegnamento).
****

Quattro asterischi contraddistinguono gli esercizi che possono essere impiegati proficuamente anche in corsi successivi.

La preparazione

Prima di utilizzare un gioco, bisogna verificare con l'aiuto degli asterischi e delle possibili soluzioni, se esso sia adatto o meno al livello della classe. Vanno poi preparate le copie indicate e vanno ritagliati i fogli con le carte. Dalla pag. 108 alla pag. 113 sono stati preparati tabelloni e carte di diversi formati che l'insegnante può compilare *ad hoc*. Servono inoltre dado e segnalini, che all'occorrenza possono anche essere sostituiti da monete.

Qualora si abbia intenzione di utilizzare il gioco più volte vale la pena di fotocopiarlo su fogli sottili di cartoncino Bristol, il tabellone diviene ancora più resistente se le copie vengono plastificate o se vengono incollate su cartone. Per diminuire la fatica, soprattutto in classi numerose, si può chiedere agli studenti di ritagliare le carte da soli. Infine è bene che l'insegnante provi alcune mosse del gioco per poterlo poi spiegare in modo adeguato agli studenti.

Buon divertimento!

*Le autrici
e l'editore*

Nel libro vengono utilizzati i seguenti simboli:

fotocopiare e ingrandire (su foglio formato A3)

fotocopiare le carte e ritagliarle.

* I termini studente e giocatore sono qui utilizzati come iperonimi di studente/studentessa e giocatore/giocatrice. Lo stesso varrà in linea di massima per tutti gli altri sostantivi con cui si farà riferimento agli studenti e agli insegnanti, per i quali si adotterà la forma maschile ad indicare entrambi i generi.

Indice

1. Gioco degli articoli

Livello: *

OBIETTIVI DIDATTICI:
Uso dell'articolo determinativo

PREPARAZIONE:
Per ogni gruppo di 2-4 studenti vi occorrono:
- un mazzo di 55 carte degli articoli
  (che trovate a pag. 10);
- una copia formato A3 del tabellone a pag. 11;
- un dado;
- un segnalino per ogni studente.

REGOLE DEL GIOCO:

Organizzazione del gioco: dividete gli studenti in gruppi di 2-4 persone. Date a ogni gruppo un tabellone, un dado, un numero adeguato di segnalini e un mazzo di 55 carte degli articoli. Fate disporre gli studenti intorno al tavolo da gioco.
Le carte degli articoli vengono mescolate e ogni giocatore ne prende 10 (se i giocatori sono solo 3, 12 carte; se sono 2, 15 carte). Ogni giocatore sistema le carte davanti a sé ordinandole per articolo. Le carte avanzate vengono messe da parte, non verranno utilizzate durante la mano che si sta disputando.
Spiegate il gioco facendo una o due mosse dimostrative e sistemando le carte corrispondenti.

Obiettivo del gioco: vince il giocatore che per primo rimane senza carte degli articoli, dopo averle sistemate tutte correttamente sul tabellone. Potete anche stabilire un tempo limite, in questo caso vincerà chi, nel lasso di tempo stabilito, avrà disposto il numero maggiore di carte.

Svolgimento del gioco: ciascun giocatore mette il suo segnalino su una delle frecce PARTENZA che si trovano sulla sinistra del tabellone. Poi si lancia il dado e il giocatore che ottiene il punteggio più alto dà inizio al gioco. I giocatori muovono i loro segnalini sulle caselle disposte attorno ai quadri scuri, cercando di fermarsi, se possibile, su un nome davanti al quale possano mettere una delle loro carte. Se nessuna delle carte degli articoli che hanno va bene, oppure se la casella ha già una carta degli articoli, non possono sistemare nessuna carta. Il turno passa quindi al giocatore successivo.

Ad ogni mossa si può cambiare direzione ed è perciò permesso tornare indietro. Ogni giocatore può sistemare sul tabellone soltanto una carta per turno. Unica eccezione: se un giocatore fa sei con il dado, può tirare una seconda volta, e muovere due volte di seguito.
Non è permesso né passare sui quadri scuri, né saltarli, bisogna girarci intorno. Le caselle occupate da un altro giocatore non possono essere saltate, e vanno incluse nel conteggio delle caselle lungo le quali si spostano le pedine.
Dopo ogni mano si controllano le soluzioni date dai giocatori.
Se si giocano più mani, alla fine di ognuna i giocatori contano le carte che gli sono rimaste, ogni carta viene considerata una penalità. Vince chi totalizza meno di penalità.

SUGGERIMENTI:
Il gioco degli articoli obbliga gli studenti ad associare molte parole con gli articoli corrispondenti, infatti, per trovare rapidamente le caselle adatte alle loro carte e scegliere la direzione in cui muoversi, devono valutare quasi tutte le possibilità.
Come esercizio preparatorio al gioco, gli studenti (da soli o in coppia) possono cercare di disporre correttamente tutte le carte degli articoli sul tavolo da gioco.

SOLUZIONI:

IL *nome, giornale, sole, mare, momento, ragazzo, lavoro, tempo*

LO *sciopero, zucchero, scherzo, studio, zio, stato, spagnolo*

L' *amico, uomo, ufficio, ora, inglese, amore acqua, azione*

LA *cosa, donna, strada, vita, madre, notte, gente, sera*

I *pantaloni, mesi, giorni, paesi, figli, libri, bambini, fiori*

GLI *spaghetti, alberghi, americani, esercizi, occhi, studenti, italiani*

LE *amiche, parole, case, nazioni, persone, zucchine, lezioni, famiglie, luci*

IL	IL	IL	IL	IL
IL	IL	IL	LO	LO
LO	LO	LO	LO	LO
L'	L'	L'	L'	L'
L'	L'	L'	LA	LA
LA	LA	LA	LA	LA
LA	I	I	I	I
I	I	I	I	GLI
GLI	GLI	GLI	GLI	GLI
GLI	GLI	LE	LE	LE
LE	LE	LE	LE	LE

Gioco degli articoli – Carte

© Ernst Klett Verlag GmbH, Stoccarda 2000 e Bonacci editore, Roma 2001

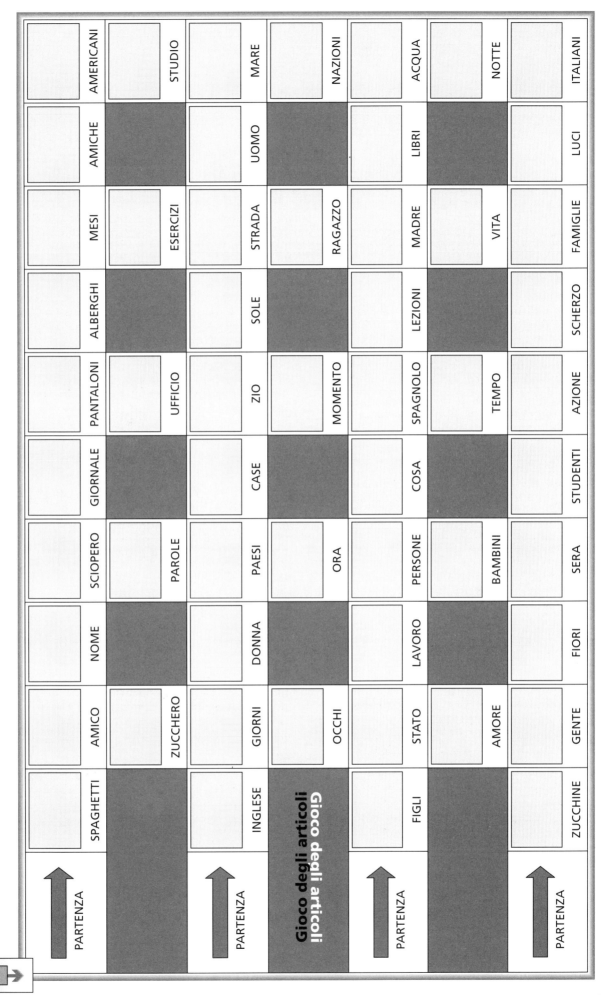

Gioco degli articoli – Tabellone

2. Gioco infernale

LIVELLO: da * a **

OBIETTIVI DIDATTICI:

Usi delle preposizioni *di, a, da, in*

PREPARAZIONE:

Per ogni gruppo di 4-6 studenti vi occorrono:
- un mazzo di carte '*parlanti*' (che contengono le frasi con le preposizioni) a pag. 13-15;
- quattro carte con le preposizioni (*di, a, da, in*) a pag. 15 per ogni studente;
- una copia formato A3 del tabellone che trovate a pag. 16;
- un segnalino per ogni studente.

REGOLE DEL GIOCO:

Organizzazione del gioco: dividete gli studenti in gruppi di 4-6 persone. Date a ogni gruppo un tabellone e un mazzo di carte '*parlanti*'. Ogni giocatore riceve inoltre le quattro carte con le preposizioni e un segnalino.
Mettete sul tabellone il mazzo delle carte '*parlanti*' capovolte e fate disporre gli studenti intorno al tavolo da gioco.
Spiegate poi il gioco facendo una o due mosse dimostrative e lasciando rispondere gli studenti.

Obiettivo del gioco: vince chi arriva per primo alla casella PARTENZA/ARRIVO. Quando è il suo turno, ogni giocatore per avanzare deve completare una frase con la preposizione appropriata. Potete anche fissare un tempo limite, in questo caso vince chi arriva più vicino al traguardo nel lasso di tempo stabilito.

Svolgimento del gioco: i giocatori mettono i loro segnalini sulla casella PARTENZA/ARRIVO. Il primo giocatore prende una carta '*parlante*' dal mazzo e legge la frase senza pronunciare la preposizione un grassetto. Ne indica però la presenza emettendo un suono (ad es. 'bip' o altro). A questo punto, tutti gli altri giocatori devono decidere quale delle quattro preposizioni a loro disposizione vada inserita nella frase, scelgono la carta corrispondente e la posano a terra coperta.
Non appena tutti i giocatori hanno effettuato la loro scelta, le carte vengono scoperte e il primo giocatore rilegge la frase, completandola, questa volta, con la preposizione. Si controlla chi ha scelto la preposizione appropriata.
Tutti i giocatori che hanno indovinato avanzano di una casella nel senso indicato dalla freccia, chi ha sbagliato, invece, sposta il suo segnalino nel cerchio grigio all'interno.
Cosa succede ai giocatori che stanno nel cerchio grigio? Continuano a giocare come prima, ma corrono rischi maggiori. Infatti, anche loro avanzano di una casella per ogni preposizione corretta, ma rimangono all'interno del loro cerchio senza poter tornare in quello bianco.
Dato che il cerchio grigio ha meno caselle di quello bianco, i giocatori che vi si trovano possono anche raggiungere il traguardo più rapidamente degli altri, ma… da qui chi fa un errore finisce all'"*inferno*', il cerchio nero al centro. Una volta all'"*inferno*' deve ritornare alla partenza e ricominciare da capo.
I giocatori amanti del rischio, quindi, potranno essere attratti dall'idea di passare volontariamente nel cerchio grigio, da dove però dovranno continuare la partita senza fare alcun errore.
I giocatori si alternano alla lettura delle carte '*parlanti*', chi legge, sta fermo per un turno e ricomincia a muoversi al turno successivo (quando legge il compagno seguente).

SUGGERIMENTI:

Le regole di questo gioco a prima vista sembrano un po' complicate ma dopo la prima mano (circa 10 minuti), diventa tutto piuttosto semplice. Il "Gioco infernale" è molto amato dagli studenti, perché è divertente e ricco di *suspense*.
Ciò dipende probabilmente dalla giusta combinazione di rischio, fortuna, conoscenze richieste ai giocatori, e anche dal fatto che tutti giocano contemporaneamente senza dover aspettare il proprio turno, e questo è certamente un vantaggio per l'apprendimento, in quanto tutti gli studenti possono esercitarsi contemporaneamente.
Se avete un solo gruppo potete leggere voi le frasi ad alta voce, così nessuno dovrà stare fermo un turno.
Per l'apprendimento è importante che i giocatori che hanno scelto la preposizione sbagliata, sappiano di volta in volta qual è l'uso corretto.

Vorrei mangiare qualcosa **DI** leggero.

Maria è più alta **DI** Laura.

Ho comprato una camicia **DI** seta.

DI solito pranziamo all'una.

Oggi ho mal **DI** testa.

Ecco il nostro insegnante **DI** francese!

Quando vado a Milano viaggio sempre **DI** notte.

Giulio ed io parliamo spesso **DI** sport.

Quando finisci **DI** lavorare oggi?

Prendi una tazza **DI** caffè?

Un chilo **DI** mele, per favore.

DI chi è questa penna?

Quest'anno il grigio è **DI** moda.

Vado **A** lavorare.

Andiamo in macchina o **A** piedi?

A Venezia ci sono molti turisti.

Non andare dritto, devi girare **A** destra!

Ho scritto una lettera **A** una mia amica.

Abitiamo vicino **A** un lago.

Ora comincio **A** capire meglio l'italiano.

Sai fino **A** quando sono aperte le banche?

© Ernst Klett Verlag GmbH, Stoccarda 2000 e Bonacci editore, Roma 2001

A che ora venite?	Mi piace molto giocare **A** carte.	Vorrei sedermi accanto **A** Paolo!
Vorrei comprarmi un vestito **A** righe.	Stasera sono **A** casa.	Devo telefonare **A** Maria.
Abito **IN** campagna.	Mio fratello è **IN** ufficio.	I miei genitori abitano **IN** via Tornabuoni.
IN città ci sono molti bei negozi.	Da domani sono **IN** vacanza.	Prima devo andare **IN** farmacia.
IN Italia si mangia molto bene.	Non mi piace fare le cose **IN** fretta.	Stasera torno **IN** ogni caso!
Sei **IN** ritardo!	Siamo andati a Milano **IN** treno.	Vado **IN** centro.
Il treno è **IN** arrivo sul binario 5.	Come si dice **IN** italiano?	Vieni, andiamo **IN** spiaggia.

Gioco infernale – Carte parlanti

DA dove venite?

Cerco i miei occhiali **DA** sole.

Al cinema, ci vado anche **DA** sola!

DA ieri lavoro in questo ufficio.

Vado **DA** un amico.

Gli uffici sono aperti **DA** lunedì a venerdì.

DA bambina avevo i capelli biondi.

Stasera non posso uscire perché ho tanto **DA** fare.

Vuoi qualcosa **DA** mangiare?

Mi dia un francobollo **DA** ottocento lire!

Oggi fa un caldo **DA** morire.

DA Roma a Milano ci vogliono 5 ore di treno.

Non c'è niente **DA** dire.

Che bella, questa camicia **DA** notte!

E **DA** bere, che cosa prendiamo?

Carte con le preposizioni: una serie per ogni studente

DI

A

IN

DA

Gioco infernale – Carte parlanti e carte con le preposizioni   **15**

© Ernst Klett Verlag GmbH, Stoccarda 2000 e Bonacci editore, Roma 2001

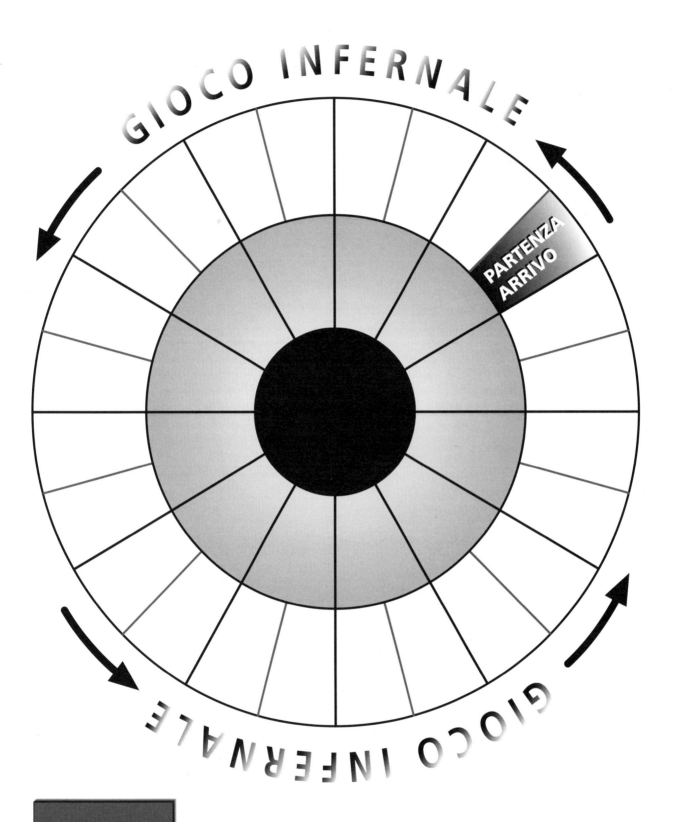

GIOCO INFERNALE

PARTENZA ARRIVO

CARTE

Gioco infernale – Tabellone

3. Duello

LIVELLO: da ⁕ a ⁕⁕

OBIETTIVI DIDATTICI:

Coniugazione dei verbi irregolari al presente indicativo

PREPARAZIONE:

Decidete se volete utilizzare il tabellone che si trova a pag. 19, o se preferite completare il tabellone in bianco di pag. 20 con verbi a vostra scelta.

Per ogni gruppo di 2 o 4 studenti (= 2 squadre) vi occorrono:
- il foglio delle soluzioni (che troverete a pag. 18);
- una copia formato A3 del tabellone di pag. 19 (o del tabellone preparato da voi);
- un dado;
- 12 pedine per squadra (6 di un colore e 6 di un altro).

REGOLE DEL GIOCO:

Organizzazione del gioco: dividete gli studenti in gruppi di 2 o 4 persone (2 giocatori singoli oppure due squadre di 2 giocatori ciascuna). Date a ogni gruppo un tabellone, un dado, 12 pedine e un foglio delle soluzioni. Fate disporre i giocatori ai lati corti del tabellone. Spiegate il gioco facendo una o due mosse dimostrative e lasciando rispondere gli studenti (cfr. Foglio delle soluzioni).

Obiettivo del gioco: vince il giocatore (o la squadra) che per primo riesce a portare tutte le sue pedine dalla parte opposta del tabellone. Durante il percorso bisogna coniugare ad ogni mossa un verbo ad una determinata persona.

Potete anche fissare un tempo limite, in questo caso vincerà il giocatore (o la squadra) che, nel lasso di tempo stabilito, avrà fatto arrivare il maggior numero di pedine al traguardo.

Svolgimento del gioco: le due squadre (giocatori singoli o coppie) prendono sei pedine ciascuna. Le pedine delle due squadre devono essere facilmente distinguibili. Le caselle con i pronomi sui lati corti del tabellone fungono da partenza e arrivo. All'inizio del gioco ciascuna squadra dispone le proprie pedine sulle caselle-pronome, una squadra dal lato **A** e una squadra dal lato **B**.

I giocatori a turno lanciano il dado e fanno avanzare una delle loro pedine del numero di caselle corrispondente. Le pedine non possono essere spostate dalla 'corsia' nella quale si trovano e si muovono solo in avanti. Chi fa sei può tirare subito una seconda volta e spostare la propria pedina senza aspettare il turno successivo. Quando una squadra ha spostato tutte le pedine, può continuare ad avanzare con una pedina a sua scelta; ma le prime sei mosse devono essere utilizzate per spostare tutte le pedine dalle caselle di partenza.

Dopo ogni mossa bisogna coniugare il verbo che si trova sul bordo del tabellone alla persona indicata. Ad esempio: lancio il dado, faccio due e avanzo con la pedina che si trova sulla 'corsia' del pronome *noi*. Arrivo all'altezza del verbo *venire* e devo perciò coniugare il verbo alla forma *veniamo*.

Se il giocatore (o la squadra) è in grado di coniugare correttamente il verbo, rimane sulla casella raggiunta e il turno passa al giocatore successivo. La squadra avversaria controlla attentamente le forme che vengono coniugate, consultando il foglio delle soluzioni solo in caso di dubbio.

Se, invece, il giocatore (o la squadra) non è in grado di coniugare correttamente il verbo, deve tornare indietro fino alla prima casella libera, e cercare di coniugare la forma verbale ivi richiesta. Il giocatore continua a retrocedere, finché non è in grado di coniugare correttamente la forma verbale richiesta dalla casella su cui si viene a trovare.

Il gioco si fa interessante quando le pedine delle due squadre si incontrano. Infatti, se un giocatore capita su una casella già occupata da una pedina dell'altra squadra, può 'mangiare' la pedina e farla ritornare alla partenza, coniugando correttamente la forma verbale richiesta dalla casella in questione. Ciò non accade, però, se le pedine delle due squadre si incrociano senza fermarsi sulla stessa casella.

SUGGERIMENTI:

Dato che in una mano non vengono usate tutte le forme verbali, si può tranquillamente giocare a "Duello" più volte. Con lo stesso tipo di tabellone ci si può esercitare anche su altri verbi (cfr. il tabellone in bianco a pag. 20) oppure su altri tempi e modi. A tal fine va preparato ogni volta il foglio delle soluzioni corrispondente.

	io	tu	lui /lei	noi	voi	loro
tenere	tengo	tieni	tiene	teniamo	tenete	tengono
venire	vengo	vieni	viene	veniamo	venite	vengono
avere	ho	hai	ha	abbiamo	avete	hanno
fare	faccio	fai	fa	facciamo	fate	fanno
uscire	esco	esci	esce	usciamo	uscite	escono
potere	posso	puoi	può	possiamo	potete	possono
dare	do	dai	dà	diamo	date	danno
essere	sono	sei	è	siamo	siete	sono
andare	vado	vai	va	andiamo	andate	vanno
volere	voglio	vuoi	vuole	vogliamo	volete	vogliono
rimanere	rimango	rimani	rimane	rimaniamo	rimanete	rimangono
stare	sto	stai	sta	stiamo	state	stanno
dovere	devo	devi	deve	dobbiamo	dovete	devono
dire	dico	dici	dice	diciamo	dite	dicono
sapere	so	sai	sa	sappiamo	sapete	sanno
salire	salgo	sali	sale	saliamo	salite	salgono

Duello – Foglio delle soluzioni

© Ernst Klett Verlag GmbH, Stoccarda 2000 e Bonacci editore, Roma 2001

A	io	tu	lui lei	noi	voi	loro	A
tenere							**tenere**
venire							**venire**
avere							**avere**
fare							**fare**
uscire							**uscire**
potere							**potere**
dare							**dare**
essere							**essere**
andare							**andare**
volere							**volere**
rimanere							**rimanere**
stare							**stare**
dovere							**dovere**
dire							**dire**
sapere							**sapere**
salire							**salire**

| B | io | tu | lui lei | noi | voi | loro | B |

Duello – Tabellone 1

19

A	io	tu	lui lei	noi	voi	loro	A

Duello – Tabellone 2

© Ernst Klett Verlag GmbH, Stoccarda 2000 e Bonacci editore, Roma 2001

4. Zig-zag

LIVELLO: da * a ***

OBIETTIVI DIDATTICI:

Lessico

PREPARAZIONE:

Date un'occhiata alle carte che si trovano a pag. 22 e 23 ed eventualmente completatele, scrivendo sulle quattro carte in bianco parole adatte al livello di conoscenza dei vostri studenti. Se parte del lessico presentato non è ancora noto, potete togliere alcune carte.

Per ogni gruppo di 2-6 studenti (= 2 squadre) vi occorrono:

- un mazzo di carte (che trovate a pag. 22 e 23) o delle carte preparate da voi;
- una copia formato A3 del tabellone di pag. 24;
- due segnalini;
- un cronometro, una clessidra o un orologio dotato di lancetta dei secondi (per controllare il tempo limite).

REGOLE DEL GIOCO:

Organizzazione del gioco: dividete gli studenti in gruppi di 2-6 persone. Date a ogni gruppo un tabellone, un mazzo di carte, due segnalini, due fogli per prendere appunti, una matita e un orologio. Fate disporre gli studenti intorno al tavolo di gioco e formate due squadre più equilibrate possibile. Le squadre mettono i propri segnalini sulle caselle di PARTENZA. Accanto al tabellone viene sistemato il mazzo di carte capovolto. Spiegate il gioco facendo una o due mosse dimostrative e lasciando rispondere gli studenti.

Obiettivo del gioco: vince la squadra che per prima riesce a percorrere per intero la sua linea a zig-zag (chiara o scura) arrivando al traguardo (ARRIVO). Per avanzare è necessario fare più punti possibile per mezzo delle proprie conoscenze lessicali (e di un po' di fortuna).

Svolgimento del gioco: i segnalini delle due squadre si trovano sulle caselle di partenza. Una squadra prende la prima carta del mazzo, senza mostrarla alla squadra avversaria. Poi le comunica l'*argomento* (cioè il titolo scritto in grassetto che corrisponde a un determinato ambito lessicale). A questo punto, per un minuto, i membri della seconda squadra devono elencare tutte le parole che vengono loro in mente riguardo all'*argomento* in questione.

(In caso di gruppi esperti possono bastare anche 30 secondi). La prima squadra controlla il tempo e conta le parole corrette che vengono elencate. Bisogna tenere presente che valgono solo le parole riportate sulla carta. Allo scadere del tempo vengono contate le parole «appropriate» e viene attribuito il punteggio, si ottiene un punto per ogni parola corretta.

A questo punto è possibile muovere i segnalini lungo le linee a zig-zag, si avanza di una casella per ogni punto ottenuto. Se la squadra non ha guadagnato neanche un punto, il segnalino resta fermo, e la mano passa agli avversari. In questo modo le squadre giocano alternativamente. Se una squadra capita su una casella nera il punteggio del turno successivo le viene raddoppiato, perciò, ad esempio, se ha totalizzato tre punti può avanzare di sei caselle.

SUGGERIMENTI:

È chiaro che, oltre a quelli riportati sulle carte, esistono molti altri vocaboli collegati ai vari *argomenti*. In questo gioco, tuttavia, 'valgono' solo i vocaboli registrati sulle carte. Di conseguenza, nel tempo stabilito, è necessario elencare il maggior numero di vocaboli possibile per aumentare le possibilità di dire tra questi, anche quelli riportati sulle carte.

A seconda della velocità dei giocatori i limiti di tempo possono essere prolungati o abbreviati.

Nel caso di studenti avanzati si consiglia di attribuire un punteggio inferiore, si può dare, ad esempio, un punto ogni due parole indovinate.

Se, pur essendo stato usato tutto il mazzo di carte, nessuna squadra raggiunge il traguardo, vince quella che si è avvicinata di più all'arrivo.

NEGOZI	**FRUTTA**	**VERDURA**	**BEVANDE**
la drogheria	l'arancio/a	(al plurale)	la birra
la libreria	la mela	le zucchine	il vino
la salumeria	la pesca	i fagiolini	il latte
il supermercato	la pera	le melanzane	il caffè
la farmacia	l'uva	i pomodori	il tè
la macelleria	la ciliegia	le carote	il succo di frutta
la cartoleria	la fragola	i piselli	la spremuta
la profumeria	l'albicocca	i broccoli	l'acqua minerale
		i peperoni	

VESTITI 1	**VESTITI 2**	**PROFESSIONI E MESTIERI 1**	**PROFESSIONI E MESTIERI 2**
la gonna	i pantaloni	il medico	l'avvocato
la camicia	il reggiseno	il cameriere	l'infermiere
il pigiama	il costume da	l'ingegnere	il commesso
il cappotto	bagno	il farmacista	il dentista
il maglione	l'impermeabile	il parrucchiere	l'insegnante
le mutande	la camicetta	l'architetto	il pittore
la cravatta	la giacca	il cuoco	l'ettricista
le scarpe	il pullover	lo psicologo	il segretario
	gli stivali		

PARTI DEL CORPO 1	**PARTI DEL CORPO 2**	**ANIMALI DOMESTICI**	**ANIMALI SELVATICI**
il naso	l'orecchio	il cane	il leone
la bocca	la guancia	il gatto	la volpe
la gamba	la mano	il cavallo	il lupo
il braccio	il piede	la mucca	la tigre
il collo	il gomito	il maiale	la giraffa
la spalla	la pancia	la pecora	la scimmia
il dito	la schiena	la gallina	il topo
il ginocchio	il seno	l'asino	l'elefante

PAESI EUROPEI	**MEZZI DI TRASPORTO**	**MESI**	**COLORI**
l'Austria	la macchina	gennaio	giallo
la Polonia	la bicicletta	luglio	arancione
il Portogallo	l'aereo	febbraio	marrone
la Germania	il treno	maggio	verde
la Spagna	la nave	giugno	blu
il Belgio	la moto	dicembre	azzurro
l'Inghilterra	l'autobus / il bus	marzo	lilla
la Svizzera	il traghetto	ottobre	viola

22

Zig-zag – Carte

© Ernst Klett Verlag GmbH, Stoccarda 2000 e Bonacci editore, Roma 2001

ARREDAMENTO DELLA CASA	PARTI DELLA CASA	MATERIALI	EDIFICI PUBBLICI
l'armadio	la cucina	il legno	la stazione
la lampada	la sala da pranzo	il metallo	il municipio
il letto	il bagno	la lana	la chiesa
lo scaffale	il soggiorno	l'oro	il museo
il tavolo	il balcone	la gomma	la scuola
il divano	la camera da letto	il cuoio	l'ospedale
la poltrona	la cantina	il vetro	la biblioteca
il tappeto	la terrazza	la pietra	il teatro

INDICAZIONI DELLA POSIZIONE	ARTICOLI DA CARTOLERIA	PRIMA COLAZIONE	PARENTI
davanti	la carta	il caffè	il nonno
dietro	la busta	il latte	il nipote
di fronte	la penna	il succo d'arancia	il figlio
accanto	la matita	il pane	lo zio
intorno	la colla	il burro	la moglie
sopra	le forbici	il formaggio	il marito
dentro	il nastro adesivo	il miele	il cugino
in fondo	la gomma	la marmellata	il suocero

TEMPO ATMO-SFERICO (nomi)	NOMI CHE INIZIANO CON «N»	AGGETTIVI CHE INIZIANO CON «A»	VERBI CHE INIZIANO CON «V»
la nuvola	il naso	alto	volere
il sole	la natura	allegro	vendere
la pioggia	il negozio	amaro	venire
la nebbia	il nemico	acido	vincere
il vento	la nascita	attivo	vivere
il temporale	la notte	anziano	volare
la neve	la nuvola	assurdo	visitare
il gelo	la nave	attuale	vedere

Zig-zag – Carte

© Ernst Klett Verlag GmbH, Stoccarda 2000 e Bonacci editore, Roma 2001

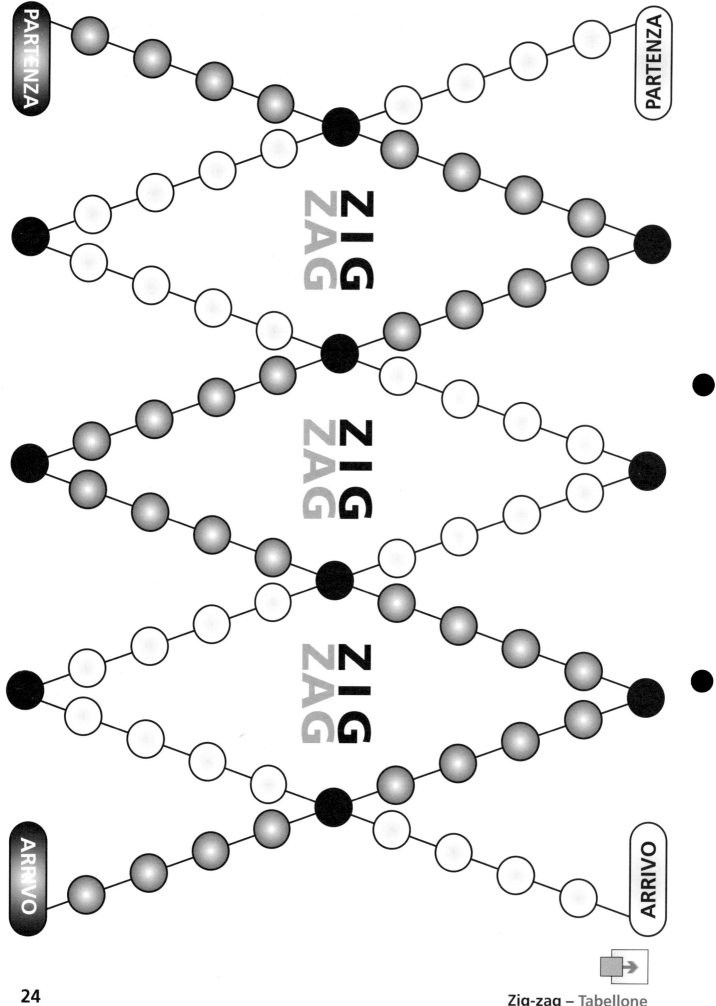

PARTENZA
PARTENZA

ZIG
ZAG

ZIG
ZAG

ZIG
ZAG

ARRIVO
ARRIVO

24

Zig-zag – Tabellone

© Ernst Klett Verlag GmbH, Stoccarda 2000 e Bonacci editore, Roma 2001

5. Indovina!

LIVELLO: da ✳✳ a ✳✳✳

OBIETTIVI DIDATTICI:

Fare domande, lessico di base

PREPARAZIONE:

Decidete se volete utilizzare le schede già pronte, che si trovano a pag. 26 e 27, o se preferite completare con lessico e immagini le carte in bianco a pag. 108, preparando poi una lista degli oggetti da indovinare.
Per ogni gruppo di 3-5 studenti vi occorrono:
- una copia degli *oggetti da indovinare* a pag. 26 (o della lista preparata da voi);
- un mazzo di carte (a pag. 27) o delle carte preparate da voi;
- una copia formato A3 del tabellone di pag. 28;
- un dado;
- un segnalino per ogni studente.

REGOLE DEL GIOCO:

Organizzazione del gioco: dividete gli studenti in gruppi di 3-5 persone. Date a ogni gruppo un tabellone, un dado, un segnalino per giocatore, il foglio con gli *oggetti da indovinare* e un mazzo di carte. Fate disporre gli studenti intorno al tavolo di gioco, appoggiate sul tabellone il mazzo di carte capovolte e metteteci accanto il foglio con gli *oggetti da indovinare* in modo che tutti lo possano vedere. I giocatori devono poter controllare in ogni momento, quali sono gli oggetti e qual è il loro nome in italiano. Fissate un tempo limite (tra 20 e 60 minuti).
Spiegate il gioco facendo una o due mosse dimostrative e lasciando rispondere gli studenti. In alcuni casi è consigliabile ripetere le espressioni interrogative appropriate, (alcuni esempi sono riportati più avanti nel paragrafo DOMANDE POSSIBILI).

Obiettivo del gioco: indovinare attraverso delle domande mirate l'oggetto rappresentato sulla carta degli altri giocatori. Ogni volta che indovina un oggetto, il giocatore riceve dall'avversario la carta che lo rappresenta. Vince chi, nel lasso di tempo stabilito, riesce a ottenere più carte.

Svolgimento del gioco: ogni giocatore prende una carta dal mazzo senza farla vedere agli altri. Sulla carta è rappresentato un oggetto che gli altri devono indovinare.

I giocatori mettono i loro segnalini su una casella punto interrogativo, poi lanciano il dado e chi ottiene il punteggio più alto dà inizio al gioco. I giocatori tirano il dado a turno e muovono i loro segnalini in senso orario sul tabellone. Ad ogni turno si può fare una domanda a un compagno nell'intento di capire qual è l'oggetto rappresentato sulla sua carta. Il compagno può rispondere solo sì o no. Sono tollerati piccoli completamenti nelle risposte (come ad es. *Sì, qualche volta. Sì, spesso. Sì, anche.*)
Il contenuto delle domande non è libero, va formulato in base alle indicazioni della casella su cui si è capitati.
Materiale: materiale di cui è fatto l'oggetto da indovinare.
Caratteristiche: caratteristiche dell'oggetto da indovinare (colore, forma, ecc.).
Uso: uso dell'oggetto (a cosa serve?).
Tempo / Luogo: momento in cui si usa generalmente l'oggetto o luogo in cui viene prevalentemente usato.
Punto interrogativo: solo chi capita su una casella con il punto interrogativo può interrogare direttamente un compagno sul suo oggetto (ad es. *Il tuo oggetto è l'ombrello?*).
Se il giocatore indovina l'oggetto rappresentato, ottiene la carta corrispondente dal compagno e questi deve prendere un'altra carta. Se invece il giocatore non indovina, la mano passa al giocatore successivo. Se si desidera, è possibile fare domande a un compagno diverso ogni volta.
Il bello del gioco sta nel collegamento fra caselle e domande. È possibile infatti che diversi giocatori sappiano quale oggetto è rappresentato sulla carta di un compagno, ma solo chi per primo capita su un punto interrogativo può fare la domanda sull'oggetto e assicurarsi la carta. Per vincere, quindi, c'è bisogno anche di un po' di fortuna.

DOMANDE POSSIBILI:

Materiale: *È di vetro / di plastica / di metallo / di ceramica / di legno / di carta / di stoffa / …?*
Caratteristiche: *È fragile / pesante / piccolo / grande / quadrato / rotondo / lungo / piatto / rumoroso / …?*
Uso: *Serve per pulire / accendere / tagliare / asciugare / scrivere / mangiare / leggere / stirare /…?*
Luogo: *Si usa soprattutto in casa / all'aperto / a scuola / in cucina / …?*
Tempo: *Si usa soprattutto la mattina / la sera / in vacanza / di notte / quando fa buio / quando piove / …?*

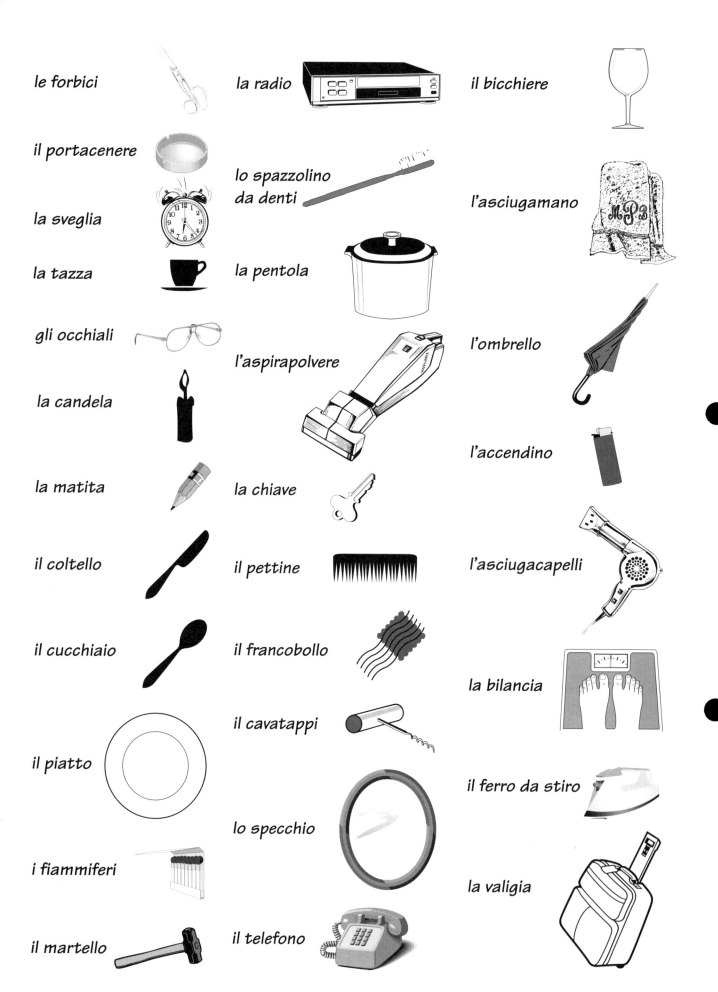

le forbici

il portacenere

la sveglia

la tazza

gli occhiali

la candela

la matita

il coltello

il cucchiaio

il piatto

i fiammiferi

il martello

la radio

lo spazzolino da denti

la pentola

l'aspirapolvere

la chiave

il pettine

il francobollo

il cavatappi

lo specchio

il telefono

il bicchiere

l'asciugamano

l'ombrello

l'accendino

l'asciugacapelli

la bilancia

il ferro da stiro

la valigia

Indovina! – Oggetti da indovinare

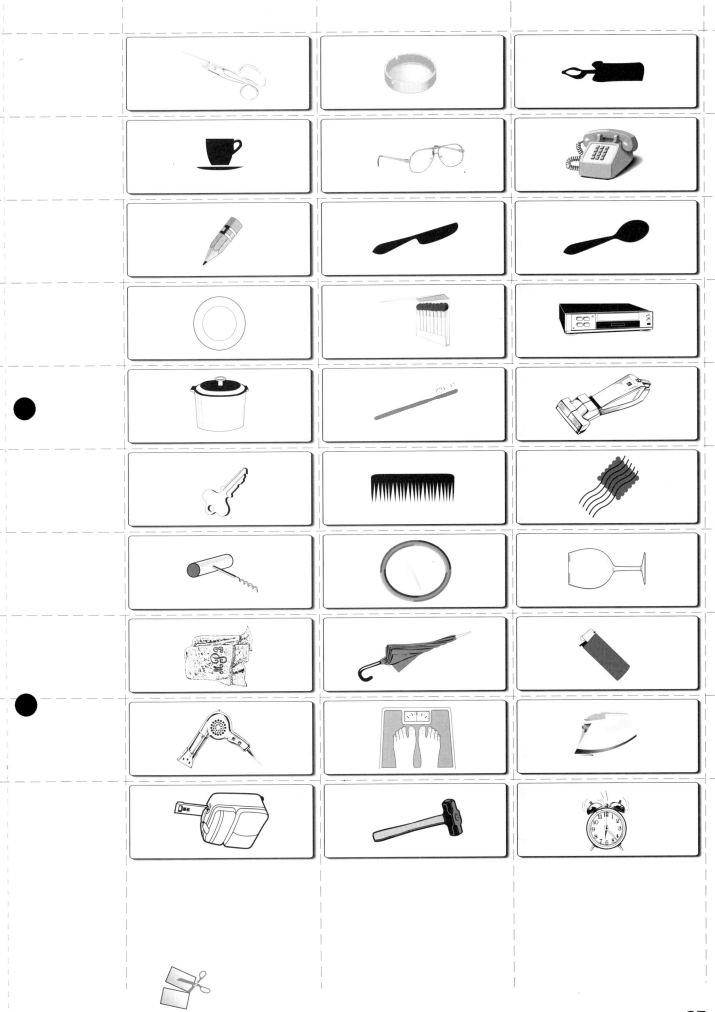

© Ernst Klett Verlag GmbH, Stoccarda 2000 e Bonacci editore, Roma 2001

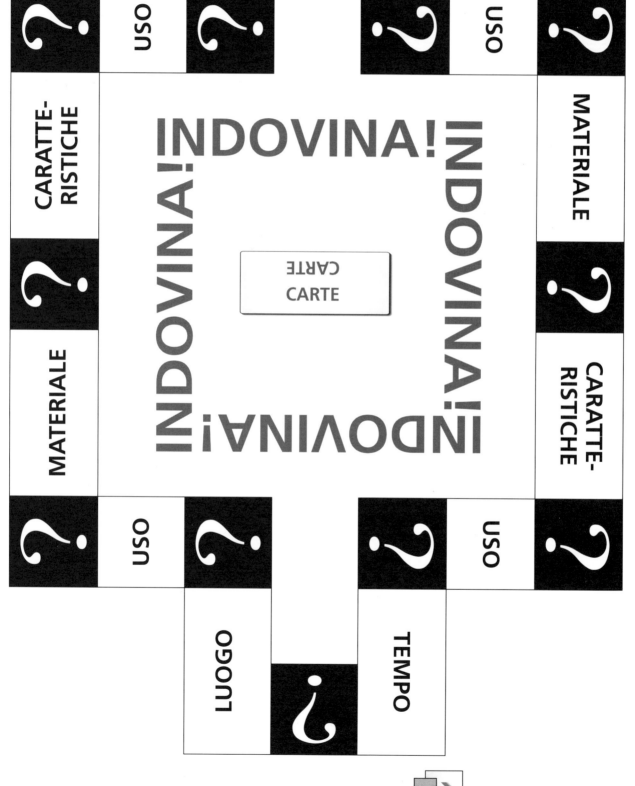

Indovina! – Tabellone

6. Gioco dei contrari

LIVELLO: da ✲✲ a ✲✲✲

OBIETTIVI DIDATTICI:

Lessico: il contrario di aggettivi, avverbi e preposizioni

PREPARAZIONE:

Per ogni gruppo di 2 o 4 studenti (= 2 squadre) vi occorrono:
- un mazzo di carte a pag. 30;
- una copia formato A3 del tabellone a pag. 31.

REGOLE DEL GIOCO:

Organizzazione del gioco: dividete gli studenti in gruppi di 2 o 4 persone (2 squadre). Le due squadre prendono ciascuna 21 carte A (bianche) o B (nere). Spiegate il gioco facendo una o due mosse dimostrative. (Alcuni esempi sono riportati più avanti nel paragrafo SOLUZIONI).

Obiettivo del gioco: vince il giocatore (o la squadra) che per primo riesce a coprire con le sue carte quattro caselle contigue (in senso orizzontale, verticale o diagonale).

Svolgimento del gioco: il giocatore che inizia dice il contrario di una parola a sua scelta fra quelle della prima riga del tabellone. Se questo contrario è corretto, il giocatore può coprire con una carta A o B la casella corrispondente. La casella ora 'appartiene' a lui o alla sua squadra. Se invece il contrario è sbagliato, il giocatore non può sistemare la carta e l'avversario successivo ha la possibilità di coprire la casella.
I giocatori a turno sistemano le loro carte sulle caselle. Il tabellone è suddiviso in sei righe che vengono coperte a partire dalla prima. Solo quando questa è completa si può passare alla seconda. In questo modo le righe da 1 a 6 vengono progressivamente completate. Si può coprire soltanto una casella per ogni turno. Non appena un giocatore (o una squadra), disponendo in maniera adeguata le carte, riesce a formare una riga di quattro carte contigue termina la mano. Le risposte vengono controllate dalla squadra avversaria; qualora le due squadre non siano d'accordo sulla risposta possono consultare le soluzioni che si trovano nell'apposito paragrafo. Se nessun giocatore conosce il contrario di una parola, la casella corrispondente rimane scoperta e non 'diviene proprietà' di nessuno.
Può capitare che il gioco si concluda senza vincitori, se vengono utilizzate tutte le carte senza che i giocatori riescano a formare una fila di quattro carte contigue.

SUGGERIMENTI:

Questo gioco aiuta gli studenti a mantenere distinti aggettivi e avverbi *(buono-cattivo / bene-male)*, e a imparare parole che si confondono con facilità *(avanti-indietro / davanti-dietro)*. Appartiene al gruppo dei cosiddetti giochi strategici ed è coinvolgente e motivante. La strategia vincente consiste nel non fare errori, coprendo in questo modo più caselle possibile, caselle che altrimenti verrebbero coperte dagli avversari. Ogni errore, infatti, dà la possibilità alla squadra avversaria di mettere le quattro carte contigue.
Se si desidera 'allenare' gli studenti nel vero e proprio senso della parola, si possono giocare più mani di seguito.

SOLUZIONI:

Riga 1
freddo: *caldo*
grande: *piccolo*
con: *senza*
molto: *poco*
questo: *quello*
nuovo: *vecchio*
bello: *brutto*

Riga 2
ricco: *povero*
sopra: *sotto*
tardi: *presto*
vicino: *lontano*
femminile: *maschile*
giù: *su*
corto: *lungo*

Riga 3
a destra: *a sinistra*
occupato: *libero*
sempre: *mai*
vuoto: *pieno*
niente: *tutto*
buono: *cattivo*
spesso: *raramente, quasi mai*

Riga 4
bene: *male*
ultimo: *primo*
dentro: *fuori*
largo: *stretto*
tutti: *nessuno*
davanti: *dietro*
meno: *più*

Riga 5
esterno: *interno*
rapido: *lento*
prima: *dopo*
alto: *basso*
avaro: *generoso*
pesante: *leggero*
contro: *per*

Riga 6
troppo: *troppo poco*
innocente: *colpevole*
raro: *frequente, comune*
avanti: *indietro*
est: *ovest*
meglio: *peggio*
amaro: *dolce*

A	A	A	B	B	B
A	A	A	B	B	B
A	A	A	B	B	B
A	A	A	B	B	B
A	A	A	B	B	B
A	A	A	B	B	B
A	A	A	B	B	B

Gioco dei contrari – Carte

6	5	4	3	2	1
AMARO	CONTRO	MENO	SPESSO	CORTO	BELLO
MEGLIO	PESANTE	DAVANTI	BUONO	GIÙ	NUOVO
EST	AVARO	TUTTI	NIENTE	FEMMI-NILE	QUESTO
AVANTI	ALTO	LARGO	VUOTO	VICINO	MOLTO
RARO	PRIMA	DENTRO	SEMPRE	TARDI	CON
INNO-CENTE	RAPIDO	ULTIMO	OCCU-PATO	SOPRA	GRANDE
TROPPO	ESTERNO	BENE	A DESTRA	RICCO	FREDDO

GIOCO DEI CONTRARI

Gioco dei contrari – Tabellone

© Ernst Klett Verlag GmbH, Stoccarda 2000 e Bonacci editore, Roma 2001

7. La ruota della fortuna

LIVELLO: da ✳✳ a ✳✳✳

OBIETTIVI DIDATTICI:

Forme verbali di diversi modi e tempi

PREPARAZIONE:

Da pag. 34 a pag. 40 troverete una scelta di tempi e modi verbali, selezionatene tre su cui far esercitare i vostri studenti.

Per ogni gruppo di 2-5 studenti vi occorrono:
- un mazzo di carte 'del destino' ('diavolo' o 'mago') che si trovano a pag. 33;
- tre mazzi di carte 'parlanti' (con il verbo da coniugare) a scelta fra quelle che trovate da pag. 34 a pag. 40 (utilizzate eventualmente carta di colori diversi per fotocopiarle);
- una copia formato A3 del tabellone a pag. 41;
- un segnalino per ogni studente.

REGOLE DEL GIOCO:

Organizzazione del gioco: dividete gli studenti in gruppi di 2-5 persone. Date a ogni gruppo un tabellone, un segnalino per ogni giocatore, e i tre mazzi di carte 'parlanti'. Fate mazzi separati di carte per ogni tempo e modo.

(Per evitare confusione è consigliabile contrassegnare le carte con simboli diversi o usare carta di colori differenti per fotocopiarle). Le carte vengono mescolate con cura e i mazzi capovolti vengono disposti sul tabellone negli appositi spazi. Ogni numero corrisponde così ad una forma verbale (tempo e modo). Mescolate le carte 'del destino' e datene tre, coperte, a ogni giocatore.

Spiegate il gioco facendo una o due mosse dimostrative e lasciando rispondere gli studenti. (Le soluzioni sono scritte a destra in basso sulle carte 'parlanti', e servono ai giocatori che pongono la domanda per controllare l'esattezza della risposta).

Obiettivo del gioco: i giocatori percorrono la ruota della fortuna in senso orario partendo dalla casella che presenta un **1** all'interno di un piccolo cerchio grigio. Ad ogni casella, devono prendere una carta 'parlante' dal mazzo che ha lo stesso numero della casella su cui si trovano, e coniugare la forma verbale richiesta. Vince chi torna per primo alla casella iniziale (che funge da partenza e arrivo). Come alternativa si può fissare un tempo limite. In questo caso vince il giocatore che, nel lasso di tempo stabilito, si è avvicinato di più al traguardo.

Svolgimento del gioco: tutti i segnalini vengono posti sulla casella con la cifra **1** nel cerchio grigio (= partenza e arrivo). Si sorteggia il giocatore che dà inizio al gioco. Un altro giocatore prende la prima carta del mazzo numero 1 e legge ad alta voce il compito che il primo giocatore dovrà svolgere, ad esempio: *presente / dovere / noi*. A questo punto il primo giocatore deve coniugare la forma verbale richiesta, in questo caso *dobbiamo*. Il giocatore che ha posto la domanda controlla se la risposta è corretta, servendosi della soluzione che trova sulla carta stessa. Se la risposta è corretta, il giocatore può spostare il suo segnalino sulla casella numero **2**. Se invece la risposta è sbagliata deve mettere il suo segnalino sul cerchio grigio all'esterno, la cosiddetta *'prigione'* e passare la mano al giocatore successivo.

In questo modo tutti i giocatori vengono interrogati a turno dai compagni. Ogni volta si prende una carta dal mazzo con il numero corrispondente alla casella occupata dal giocatore da interrogare. Se la forma verbale che il giocatore coniuga è corretta il segnalino può avanzare di una casella.

Ma cosa succede ai giocatori che si trovano in *'prigione'*?

Quando tocca a loro devono rispondere nuovamente a una domanda presa dallo stesso mazzo di quella a cui avrebbero dovuto rispondere al turno precedente. Se ci riescono, possono tornare sulla casella corrispondente del cerchio bianco, ma non possono rispondere ad altre domande. In caso contrario continuano a rimanere in *'prigione'* e al turno successivo devono rispondere di nuovo a una domanda riguardante la stessa forma verbale (stesso mazzo di carte). Ciò si ripete finché non riescono a coniugare correttamente una forma verbale richiesta. Affinché non sia soltanto la conoscenza delle forme verbali a determinare la vittoria, sono state create le carte 'del destino'. Ogni giocatore ne ha a disposizione in tutto tre e le può utilizzare quando lo ritiene opportuno purché sia il suo turno, in altre parole le può utilizzare o prima di rispondere, o dopo aver risposto ad una domanda. Le carte 'del destino' possono essere utilizzate per 'liberarsi' o per 'liberare' un altro giocatore dalla *'prigione'*. Se si usa una carta 'mago' il proprio segnalino (o quello del giocatore aiutato) può spostarsi dalla *'prigione'* alla casella adiacente del cerchio bianco. Se invece si utilizza una carta 'diavolo' si manda in *'prigione'* un giocatore a proprio piacimento. In questo modo si riescono a frenare un po' i giocatori troppo sicuri di vincere. Le carte 'del destino' non possono essere usate più di una volta nel corso di una mano.

SUGGERIMENTI:

Le carte 'parlanti' possono essere utilizzate a lezione anche indipendentemente dal gioco per far interrogare reciprocamente gli studenti sulle forme verbali, oppure come esercizio preparatorio per giocare alla "Ruota della fortuna". Se volete far esercitare gli studenti su altri tempi e modi potete preparare delle carte utilizzando le schede in bianco a pag. 108.

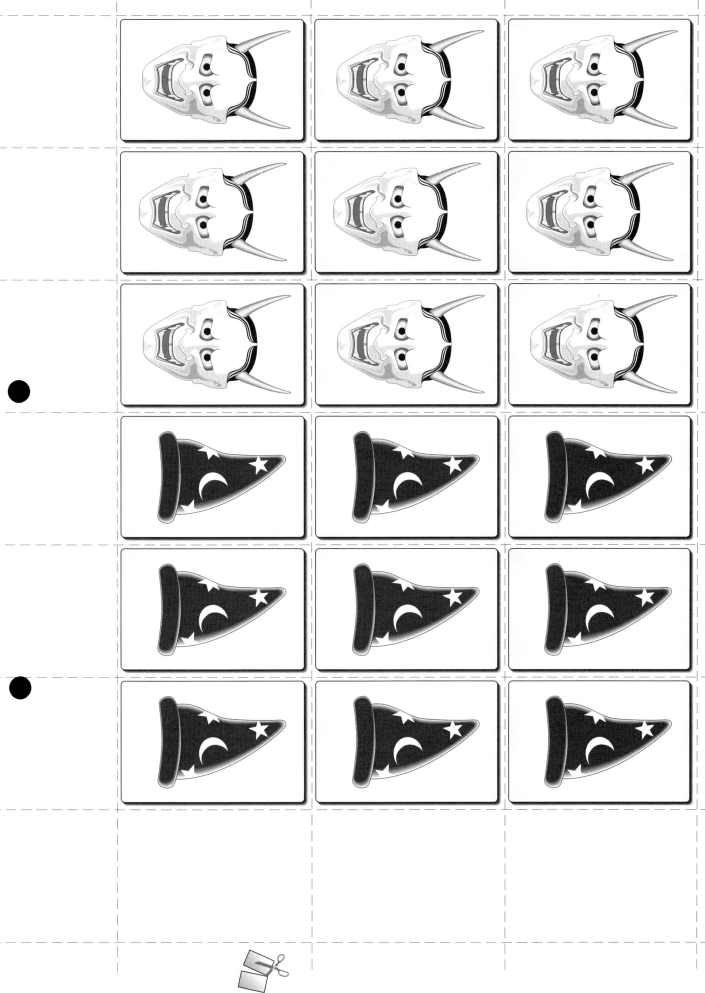

La ruota della fortuna – Carte del destino

▲ PRESENTE	▲ PRESENTE	▲ PRESENTE
bere: io	**andare: tu**	**avere: lei**
bevo	*vai*	*ha*
▲ PRESENTE	▲ PRESENTE	▲ PRESENTE
avere: noi	**essere: voi**	**dare: loro**
abbiamo	*siete*	*danno*
▲ PRESENTE	▲ PRESENTE	▲ PRESENTE
dire: io	**dovere: tu**	**fare: lui**
dico	*devi*	*fa*
▲ PRESENTE	▲ PRESENTE	▲ PRESENTE
potere: noi	**stare: voi**	**sapere: loro**
possiamo	*state*	*sanno*
▲ PRESENTE	▲ PRESENTE	▲ PRESENTE
scegliere: io	**potere: tu**	**volere: Lei**
scelgo	*puoi*	*vuole*
▲ PRESENTE	▲ PRESENTE	▲ PRESENTE
sapere: noi	**fare: voi**	**salire: loro**
sappiamo	*fate*	*salgono*
▲ PRESENTE	▲ PRESENTE	▲ PRESENTE
volere: io	**venire: tu**	**tenere: lei**
voglio	*vieni*	*tiene*
▲ PRESENTE	▲ PRESENTE	▲ PRESENTE
fare: noi	**dire: voi**	**dire: loro**
facciamo	*dite*	*dicono*
▲ PRESENTE	▲ PRESENTE	▲ PRESENTE
rimanere: io	**essere: tu**	**uscire: lui**
rimango	*sei*	*esce*
▲ PRESENTE	▲ PRESENTE	▲ PRESENTE
dovere: noi	**dare: voi**	**venire: loro**
dobbiamo	*date*	*vengono*

© Ernst Klett Verlag GmbH, Stoccarda 2000 e Bonacci editore, Roma 2001

★ CONGIUNTIVO PRESENTE	★ CONGIUNTIVO PRESENTE	★ CONGIUNTIVO PRESENTE
bere: io _beva_	**andare: tu** _vada_	**avere: lei** _abbia_
★ CONGIUNTIVO PRESENTE	★ CONGIUNTIVO PRESENTE	★ CONGIUNTIVO PRESENTE
avere: noi _abbiamo_	**essere: voi** _siate_	**dare: loro** _diano_
★ CONGIUNTIVO PRESENTE	★ CONGIUNTIVO PRESENTE	★ CONGIUNTIVO PRESENTE
dire: io _dica_	**dovere: tu** _debba_	**fare: lui** _faccia_
★ CONGIUNTIVO PRESENTE	★ CONGIUNTIVO PRESENTE	★ CONGIUNTIVO PRESENTE
potere: noi _possiamo_	**stare: voi** _stiate_	**sapere: loro** _sappiano_
★ CONGIUNTIVO PRESENTE	★ CONGIUNTIVO PRESENTE	★ CONGIUNTIVO PRESENTE
scegliere: io _scelga_	**potere: tu** _possa_	**volere: Lei** _voglia_
★ CONGIUNTIVO PRESENTE	★ CONGIUNTIVO PRESENTE	★ CONGIUNTIVO PRESENTE
sapere: noi _sappiamo_	**fare: voi** _facciate_	**salire: loro** _salgano_
★ CONGIUNTIVO PRESENTE	★ CONGIUNTIVO PRESENTE	★ CONGIUNTIVO PRESENTE
volere: io _voglia_	**venire: tu** _venga_	**tenere: lei** _tenga_
★ CONGIUNTIVO PRESENTE	★ CONGIUNTIVO PRESENTE	★ CONGIUNTIVO PRESENTE
fare: noi _facciamo_	**dire: voi** _diciate_	**dire: loro** _dicano_
★ CONGIUNTIVO PRESENTE	★ CONGIUNTIVO PRESENTE	★ CONGIUNTIVO PRESENTE
rimanere: io _rimanga_	**essere: tu** _sia_	**uscire: lui** _esca_
★ CONGIUNTIVO PRESENTE	★ CONGIUNTIVO PRESENTE	★ CONGIUNTIVO PRESENTE
dovere: noi _dobbiamo_	**dare: voi** _diate_	**venire: loro** _vengano_

© Ernst Klett Verlag GmbH, Stoccarda 2000 e Bonacci editore, Roma 2001

❋ PASSATO PROSSIMO **nascere: io** *sono nato/a*	❋ PASSATO PROSSIMO **fare: tu** *hai fatto*	❋ PASSATO PROSSIMO **piacere: lei** *è piaciuta*
❋ PASSATO PROSSIMO **andare: noi** *siamo andati/e*	❋ PASSATO PROSSIMO **aprire: voi** *avete aperto*	❋ PASSATO PROSSIMO **rimanere: loro** *sono rimasti/e*
❋ PASSATO PROSSIMO **potere: io** *ho potuto*	❋ PASSATO PROSSIMO **prendere: tu** *hai preso*	❋ PASSATO PROSSIMO **dire: lui** *ha detto*
❋ PASSATO PROSSIMO **dare: noi** *abbiamo dato*	❋ PASSATO PROSSIMO **essere: voi** *siete stati/e*	❋ PASSATO PROSSIMO **dovere: loro** *hanno dovuto*
❋ PASSATO PROSSIMO **rispondere: io** *ho risposto*	❋ PASSATO PROSSIMO **bere: tu** *hai bevuto*	❋ PASSATO PROSSIMO **conoscere: Lei** *ha conosciuto*
❋ PASSATO PROSSIMO **vivere: noi** *abbiamo vissuto / siamo vissuti/e*	❋ PASSATO PROSSIMO **sentire: voi** *avete sentito*	❋ PASSATO PROSSIMO **offrire: loro** *hanno offerto*
❋ PASSATO PROSSIMO **chiudere: io** *ho chiuso*	❋ PASSATO PROSSIMO **chiedere: tu** *hai chiesto*	❋ PASSATO PROSSIMO **leggere: lei** *ha letto*
❋ PASSATO PROSSIMO **finire: noi** *abbiamo finito*	❋ PASSATO PROSSIMO **mettere: voi** *avete messo*	❋ PASSATO PROSSIMO **morire: loro** *sono morti/e*
❋ PASSATO PROSSIMO **scrivere: io** *ho scritto*	❋ PASSATO PROSSIMO **spendere: tu** *hai speso*	❋ PASSATO PROSSIMO **avere: lui** *ha avuto*
❋ PASSATO PROSSIMO **scegliere: noi** *abbiamo scelto*	❋ PASSATO PROSSIMO **vedere: voi** *avete visto*	❋ PASSATO PROSSIMO **scendere: loro** *sono scesi/e*

La ruota della fortuna – Carte 'parlanti'

◆ CONDIZIONALE **rimanere: io** *rimarrei*	◆ CONDIZIONALE **potere: tu** *potresti*	◆ CONDIZIONALE **essere: lei** *sarebbe*
◆ CONDIZIONALE **fare: noi** *faremmo*	◆ CONDIZIONALE **vedere: voi** *vedreste*	◆ CONDIZIONALE **venire: loro** *verrebbero*
◆ CONDIZIONALE **lavorare: io** *lavorerei*	◆ CONDIZIONALE **sentire: tu** *sentiresti*	◆ CONDIZIONALE **prendere: lui** *prenderebbe*
◆ CONDIZIONALE **volere: noi** *vorremmo*	◆ CONDIZIONALE **vivere: voi** *vivreste*	◆ CONDIZIONALE **finire: loro** *finirebbero*
◆ CONDIZIONALE **dovere: io** *dovrei*	◆ CONDIZIONALE **avere: tu** *avresti*	◆ CONDIZIONALE **andare: Lei** *andrebbe*
◆ CONDIZIONALE **dire: noi** *diremmo*	◆ CONDIZIONALE **chiudere: voi** *chiudereste*	◆ CONDIZIONALE **trovare: loro** *troverebbero*
◆ CONDIZIONALE **sapere: io** *saprei*	◆ CONDIZIONALE **guardare: tu** *guarderesti*	◆ CONDIZIONALE **vendere: lei** *venderebbe*
◆ CONDIZIONALE **bere: noi** *berremmo*	◆ CONDIZIONALE **dare: voi** *dareste*	◆ CONDIZIONALE **uscire: loro** *uscirebbero*
◆ CONDIZIONALE **mettere: io** *metterei*	◆ CONDIZIONALE **vedere: tu** *vedresti*	◆ CONDIZIONALE **dovere: lui** *dovrebbe*
◆ CONDIZIONALE **potere: noi** *potremmo*	◆ CONDIZIONALE **perdere: voi** *perdereste*	◆ CONDIZIONALE **fare: loro** *farebbero*

La ruota della fortuna – Carte 'parlanti'

© Ernst Klett Verlag GmbH, Stoccarda 2000 e Bonacci editore, Roma 2001

■ IMPERFETTO	■ IMPERFETTO	■ IMPERFETTO
fare: io *facevo*	**bere: tu** *bevevi*	**avere: lei** *aveva*
sapere: noi *sapevamo*	**sentire: voi** *sentivate*	**essere: loro** *erano*
conoscere: io *conoscevo*	**volere: tu** *volevi*	**stare: lui** *stava*
chiedere: noi *chiedevamo*	**dovere: voi** *dovevate*	**dire: loro** *dicevano*
essere: io *ero*	**leggere: tu** *leggevi*	**guardare: Lei** *guardava*
essere: noi *eravamo*	**volere: voi** *volevate*	**perdere: loro** *perdevano*
avere: io *avevo*	**mettere: tu** *mettevi*	**uscire: lei** *usciva*
dire: noi *dicevamo*	**essere: voi** *eravate*	**venire: loro** *venivano*
andare: io *andavo*	**tradurre: tu** *traducevi*	**potere: lui** *poteva*
fare: noi *facevamo*	**lavorare: voi** *lavoravate*	**dare: loro** *davano*

La ruota della fortuna – Carte 'parlanti'

❖ CONGIUNTIVO IMPERF. **fare: io** *facessi*	❖ CONGIUNTIVO IMPERF. **bere: tu** *bevessi*	❖ CONGIUNTIVO IMPERF. **avere: lei** *avesse*
❖ CONGIUNTIVO IMPERF. **sapere: noi** *sapessimo*	❖ CONGIUNTIVO IMPERF. **sentire: voi** *sentiste*	❖ CONGIUNTIVO IMPERF. **essere: loro** *fossero*
❖ CONGIUNTIVO IMPERF. **conoscere: io** *conoscessi*	❖ CONGIUNTIVO IMPERF. **volere: tu** *volessi*	❖ CONGIUNTIVO IMPERF. **stare: lui** *stesse*
❖ CONGIUNTIVO IMPERF. **chiedere: noi** *chiedessimo*	❖ CONGIUNTIVO IMPERF. **dovere: voi** *doveste*	❖ CONGIUNTIVO IMPERF. **dire: loro** *dicessero*
❖ CONGIUNTIVO IMPERF. **essere: io** *fossi*	❖ CONGIUNTIVO IMPERF. **leggere: tu** *leggessi*	❖ CONGIUNTIVO IMPERF. **guardare: Lei** *guardasse*
❖ CONGIUNTIVO IMPERF. **essere: noi** *fossimo*	❖ CONGIUNTIVO IMPERF. **volere: voi** *voleste*	❖ CONGIUNTIVO IMPERF. **perdere: loro** *perdessero*
❖ CONGIUNTIVO IMPERF. **avere: io** *avessi*	❖ CONGIUNTIVO IMPERF. **mettere: tu** *mettessi*	❖ CONGIUNTIVO IMPERF. **uscire: lei** *uscisse*
❖ CONGIUNTIVO IMPERF. **dire: noi** *dicessimo*	❖ CONGIUNTIVO IMPERF. **essere: voi** *foste*	❖ CONGIUNTIVO IMPERF. **venire: loro** *venissero*
❖ CONGIUNTIVO IMPERF. **andare: io** *andassi*	❖ CONGIUNTIVO IMPERF. **tradurre: tu** *traducessi*	❖ CONGIUNTIVO IMPERF. **potere: lui** *potesse*
❖ CONGIUNTIVO IMPERF. **fare: noi** *facessimo*	❖ CONGIUNTIVO IMPERF. **lavorare: voi** *lavoraste*	❖ CONGIUNTIVO IMPERF. **dare: loro** *dessero*

La ruota della fortuna – Carte 'parlanti'

© Ernst Klett Verlag GmbH, Stoccarda 2000 e Bonacci editore, Roma 2001

• FUTURO **rimanere: io** *rimarrò*	• FUTURO **potere: tu** *potrai*	• FUTURO **essere: lei** *sarà*
• FUTURO **fare: noi** *faremo*	• FUTURO **vedere: voi** *vedrete*	• FUTURO **venire: loro** *verranno*
• FUTURO **lavorare: io** *lavorerò*	• FUTURO **sentire: tu** *sentirai*	• FUTURO **prendere: lui** *prenderà*
• FUTURO **volere: noi** *vorremo*	• FUTURO **vivere: voi** *vivrete*	• FUTURO **finire: loro** *finiranno*
• FUTURO **dovere: io** *dovrò*	• FUTURO **avere: tu** *avrai*	• FUTURO **andare: Lei** *andrà*
• FUTURO **dire: noi** *diremo*	• FUTURO **chiudere: voi** *chiuderete*	• FUTURO **trovare: loro** *troveranno*
• FUTURO **sapere: io** *saprò*	• FUTURO **guardare: tu** *guarderai*	• FUTURO **vendere: lei** *venderà*
• FUTURO **bere: noi** *berremo*	• FUTURO **dare: voi** *darete*	• FUTURO **uscire: loro** *usciranno*
• FUTURO **mettere: io** *metterò*	• FUTURO **vedere: tu** *vedrai*	• FUTURO **dovere: lui** *dovrà*
• FUTURO **potere: noi** *potremo*	• FUTURO **perdere: voi** *perderete*	• FUTURO **fare: loro** *faranno*

40

La ruota della fortuna – Carte 'parlanti'

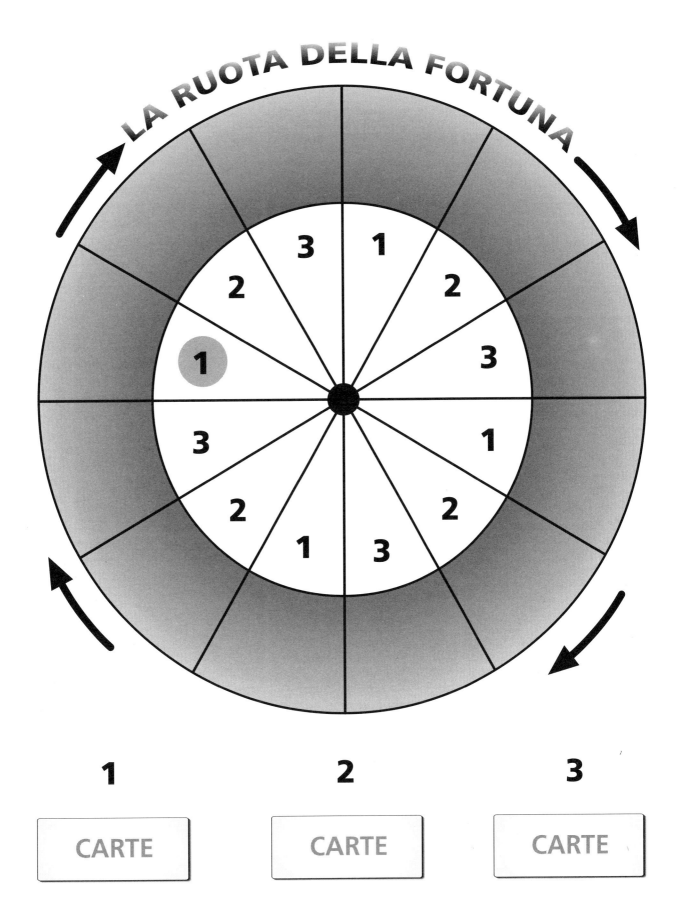

1　　　　　2　　　　　3

CARTE　　　CARTE　　　CARTE

La ruota della fortuna – Tabellone

8. La corsa delle stelle

Livello: da ✳✳ a ✳✳✳

OBIETTIVI DIDATTICI:

Pronomi diretti e indiretti, semplici e combinati, *ci* e *ne*.

PREPARAZIONE:

Decidete se volete utilizzare le schede che si trovano a pag. 43 e 44, o se preferite far creare agli studenti schede analoghe. Ciò costituirebbe un esercizio preparatorio utile e motivante.
Per ogni gruppo di quattro persone vi occorrono:
- una copia delle schede che trovate a pag. 43 e 44;
- una copia formato A3 del tabellone di pag. 45;
- un dado;
- un segnalino per ogni studente.

REGOLE DEL GIOCO:

Organizzazione del gioco: dividete gli studenti in gruppi di quattro persone. Date a ogni gruppo un tabellone, un dado, un numero adeguato di segnalini e le quattro schede.
Ai giocatori viene attribuito un numero (da 1 a 4) e viene data la scheda corrispondente. Sulla scheda ci sono alcune domande nella colonna di sinistra, e le risposte relative nella colonna di destra.
Fate disporre gli studenti intorno al tavolo di gioco. Spiegate poi le regole facendo una o due mosse dimostrative e lasciando rispondere gli studenti.

Obiettivo del gioco: vince il giocatore che raggiunge per primo l'ARRIVO. Se preferite, potete fissare un tempo limite, in questo caso vincerà chi, nel lasso di tempo stabilito, si sarà avvicinato di più al traguardo. I giocatori dovranno rispondere, ad ogni turno, alla domanda di un compagno.

Svolgimento del gioco: i giocatori mettono i loro segnalini sulla casella PARTENZA. Si lancia il dado e chi ottiene il punteggio più alto dà inizio al gioco. Si tira e si muovono i segnalini a turno. Quando un giocatore arriva su una casella, il compagno che ha ricevuto la scheda con il numero corrispondente alla

casella, gli pone una domanda. Ad esempio se il primo giocatore va su una casella con il numero 2, il compagno numero 2 gli legge una domanda a sua scelta fra quelle della propria scheda. Il primo giocatore deve dare una risposta affermativa usando uno o due pronomi, ad es. *Ci porti i libri? – Sì,* **ve li** *porto.*
Il giocatore che ha posto la domanda controlla la risposta del compagno per mezzo delle soluzioni che si trovano sulla sua scheda. Se la risposta è corretta il segnalino del compagno può rimanere sulla casella raggiunta. In caso contrario deve tornare alla casella che occupava in precedenza. Le risposte sbagliate devono essere corrette immediatamente dal giocatore che legge la domanda.
Se un giocatore va su una casella che porta il suo numero, non deve svolgere nessun compito, può, invece, porre una domanda a un compagno a sua scelta. In questi casi è meglio scegliere un giocatore che si trovi vicino al traguardo, perché se non sa rispondere correttamente, la sua vittoria viene ritardata. Infatti se dà una risposta sbagliata dovrà indietreggiare di sei caselle.
Se si arriva su di una casella con la stella, il segnalino deve essere mosso nella direzione indicata dalla freccia. Giunti sulla nuova casella si risponde a una domanda secondo le regole descritte in precedenza.

SUGGERIMENTI:

Questo gioco permette agli studenti di acquisire una certa consapevolezza del proprio apprendimento in gruppo. I giocatori, infatti, hanno la possibilità di scegliere le domande in maniera mirata, e spetta a loro il compito di correggere i compagni.
Per migliorare l'apprendimento i giocatori dovranno sempre fornire ai compagni la risposta corretta e rivolgersi a voi se ci sono delle difficoltà. Le domande difficili che si trovano sulle schede possono essere tranquillamente ripetute in modo che l'uso dei pronomi venga lentamente acquisito.

1

Stai pensando alle vacanze?	Sì, **ci** sto pensando.
Ci spedisci i documenti?	Sì, **ve li** spedisco.
Avete parlato del vostro progetto?	Sì, **ne** abbiamo parlato.
Devi fare il biglietto?	Sì, **lo** devo fare / devo far**lo**.
Hai comprato i pomodori?	Sì, **ne** ho comprat**o** un chilo.
Racconterai la storia a Maria?	Sì, **gliela** racconterò.
Mi presenti le tue amiche?	Sì, **te le** presento.
Il direttore vi ha offerto la cena?	Sì, **ce l'**ha offert**a**.
Andate subito alla stazione?	Sì, **ci** andiamo subito.
Telefoni alla signora Rossi?	Sì, **le** telefono.

2

Vuoi aiutare la signora?	Sì, **la** voglio aiutare / voglio aiutar**la**.
Accompagnerai tuo padre?	Sì, **l'**accompagnerò.
Luigi ti porterà i libri domani?	Sì, **me li** porterà domani.
Il film è piaciuto ai tuoi compagni?	Sì, **gli** è piaciuto / è piaciuto **loro**.
Hai dato le chiavi a Gianni?	Sì, **gliele** ho dat**e**.
Hai voglia di andare in piscina?	Sì, **ne** ho voglia.
Tornate a Roma stasera?	Sì, **ci** torniamo stasera.
Mi spiegherai questa regola?	Sì, **te la** spiegherò.
Vuoi bene a Marisa?	Sì, **le** voglio bene.
Marco vi ha prestato dei dischi?	Sì, **ce ne** ha prestat**i** due.

La corsa delle stelle – Schede

© Ernst Klett Verlag GmbH, Stoccarda 2000 e Bonacci editore, Roma 2001

3

Regalerai questi fiori a tua madre?	Sì, **glieli** regalerò.
Vuoi venire a teatro?	Sì, **ci** voglio venire / voglio venir**ci**.
Hai detto a Carlo di venire stasera?	Sì, **gliel**'ho detto.
Ci presti la tua macchina?	Sì, **ve la** presto.
Hai mangiato gli spaghetti?	Sì, **ne** ho mangiat**i** tanti.
Stai scrivendo alla tua amica?	Sì, **le** sto scrivendo.
Silvia ti ha restituito la valigia?	Sì, **me l**'ha restituit**a**.
Avete discusso delle vacanze?	Sì, **ne** abbiamo discusso.
Riesci a fare i compiti?	Sì, **ci** riesco.
Capisci questa frase?	Sì, **la** capisco.

4

Ci telefoni quando sei arrivato?	Sì, **vi** telefono.
Devi andare a lavorare?	Sì, **ci** devo andare / devo andar**ci**.
Hai spedito la lettera alla nonna?	Sì, **gliel**'ho spedit**a**.
Vi è piaciuta la festa?	Sì, **ci** è piaciuta.
Hai chiesto l'indirizzo agli amici?	Sì, **gliel**'ho chiesto / l'ho chiesto **loro**.
Ti senti bene?	Sì, **mi** sento bene.
Ti compri quei pantaloni?	Sì, **me li** compro.
Prendi un po' di vino bianco?	Sì, **ne** prendo un po'.
Ci hai portato le riviste?	Sì, **ve le** ho portat**e**.
Sei contento del risultato?	Sì, **ne** sono contento.

La corsa delle stelle – Schede

© Ernst Klett Verlag GmbH, Stoccarda 2000 e Bonacci editore, Roma 2001

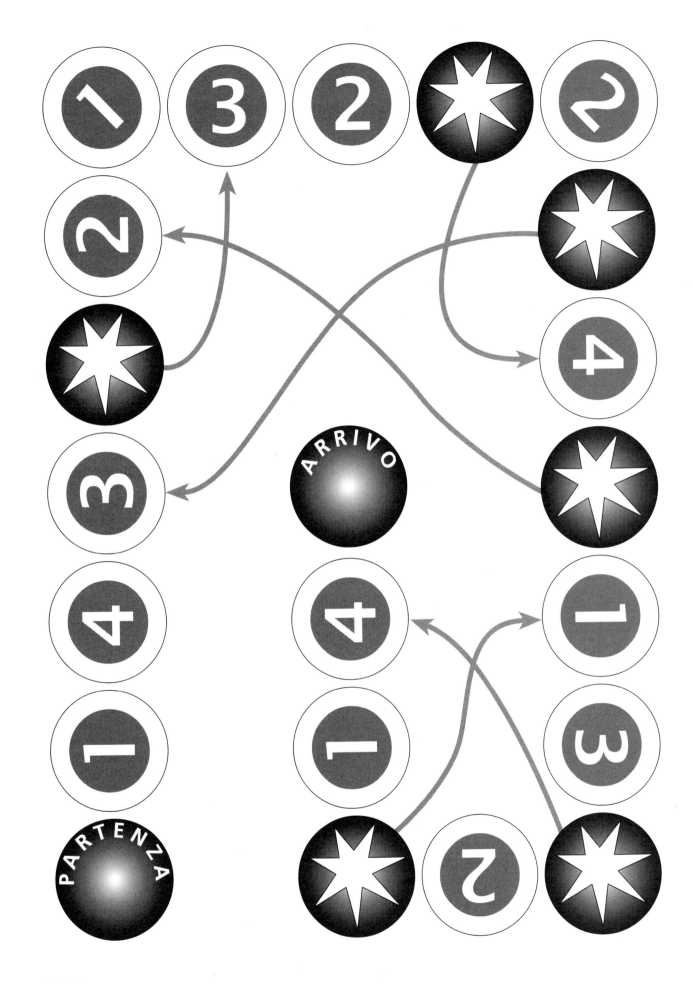

9. Gioco degli aggettivi

LIVELLO: da *** *** a *** * ***

OBIETTIVI DIDATTICI:

Aggettivi di grado positivo, comparativo e superlativo in differenti contesti.

PREPARAZIONE:

Decidete se volete utilizzare le carte che si trovano a pag. 47 e 48, o se preferite compilare quelle in bianco a pag. 109.
Per ogni gruppo di 4-6 studenti vi occorrono:
- un mazzo di carte (che trovate a pag. 47-48) oppure un mazzo di carte compilate da voi,
- una copia formato A3 del tabellone a pag. 49,
- un dado,
- un segnalino per ogni studente.

REGOLE DEL GIOCO:

Organizzazione del gioco: dividete gli studenti in gruppi di 4-6 persone. Date a ogni gruppo un tabellone, un dado, un numero adeguato di segnalini e un mazzo di carte che metterete capovolto sul tabellone.
Spiegate il gioco facendo una o due mosse dimostrative e lasciando rispondere gli studenti.
(Alcuni esempi sono riportati nel paragrafo POSSIBILI SOLUZIONI).

Obiettivo del gioco: vince il giocatore che per primo
    a) raggiunge 50 punti e
    b) tirando il dado, ottiene sei e può lasciare il tabellone (è possibile prendere qualsiasi direzione).

Svolgimento del gioco: i giocatori mettono i loro segnalini al centro del tabellone. Si lancia il dado e chi ottiene il punteggio più alto dà inizio al gioco. I giocatori tirano il dado a turno e, partendo dalla casella centrale, muovono i segnalini nella direzione che preferiscono. Chi arriva su una casella di color grigio chiaro, grigio scuro o nero, prende una carta, legge ad alta voce l'argomento indicato e fa una frase su questo tema. La frase deve contenere un aggettivo di grado positivo, comparativo o superlativo secondo le indicazioni riportate sul lato lungo del tabellone.
Se gli altri giocatori accettano la frase, chi l'ha formulata ottiene un punteggio corrispondente a quello indicato sul tabellone; in caso contrario, non riceve alcun punto. Chi arriva su una casella bianca, non può prendere carte dal mazzo, e non ha perciò la possibilità di guadagnare punti.

POSSIBILI SOLUZIONI:

Carta: *Animali*
Grado positivo: *Ho un gatto nero. – Questo cane è ubbidiente.*
Comparativo: *Il cavallo è più grande del mulo.*
Superlativo assoluto o relativo:
               Per me l'animale più bello è il leone.

Carta: *Città*
Grado positivo: *La nostra città è piccola.*
Comparativo: *Secondo me Parigi è più bella di Londra.*
Superlativo assoluto o relativo:
               ...è una città carissima.
               / ...è la città più cara d'Italia

Carta: *Mobili*
Grado positivo: *Che bel tavolo grande.*
Comparativo: *Questo armadio mi sembra più piccolo dell'altro.*
Superlativo assoluto o relativo:
               Ieri ho comprato il letto più comodo che abbia mai avuto.

VARIANTI:

Questo gioco può essere svolto anche con altre categorie grammaticali, come ad es. avverbi, sostantivi o verbi.

1. Avverbi
Carta: *Viaggi*
Grado positivo: *Il Portogallo mi piace molto.*
Comparativo: *Ma in Italia si mangia meglio.*
Superlativo assoluto o relativo:
               Tra tutte le città d'Italia Roma è quella che viene visitata di più.

2. Sostantivi
(Il punteggio viene attribuito in base al numero di sostantivi tematicamente correlati all'argomento).
Carta: *Gusti e preferenze*
Mi piacciono il tennis e il calcio, vado spesso al cinema e la sera guardo la televisione. (4 punti)

3. Verbi
(Il punteggio viene attribuito in base al numero di verbi tematicamente correlati all'argomento).
Carta: *Gusti e preferenze*
Durante le vacanze mi piace viaggiare, vedere altri paesi, conoscere nuova gente, mangiare bene e dormire molto! (5 punti)

Albergo	Amici	Amore
Animali	Cibo	Città
Divertimento	Educazione	Famiglia
Feste	Gente	Guerra
Lavoro	Mobili	Musica
Natura	Salute	Sport
Tecnologia	Turismo	Vacanze

Gioco degli aggettivi – Carte

© Ernst Klett Verlag GmbH, Stoccarda 2000 e Bonacci editore, Roma 2001

Arte	Casa	Colleghi
Cucina	Cultura	Disoccupazione
Economia	Giardino	Giovani
Gite	Gusti e preferenze	Macchine
Mezzi di trasporto	Moda	Politica
Scuola	Sole	Stipendio
Terzo Mondo	Traffico	Viaggi

Gioco degli aggettivi – Carte

Gioco degli aggettivi

PARTENZA

Gioco degli aggettivi

PARTENZA

CARTE

PARTENZA

PARTENZA

Gioco degli aggettivi

Grado superlativo (10 punti)

Grado comparativo (5 punti)

Grado positivo (1 punto)

 Gioco degli aggettivi – Tabellone

© Ernst Klett Verlag GmbH, Stoccarda 2000 e Bonacci editore, Roma 2001

49

10. Gioco della grammatica

Livello: da ✱ ✱ a ✱ ✱ ✱

OBIETTIVI DIDATTICI:

Marcatori temporali: *sempre, mai, spesso, di tanto in tanto, il più delle volte, qualche volta, raramente, in questo momento, due settimane fa, finora, fra un mese, ieri, domani, oggi, la settimana prossima, adesso, da ora in poi, tutti i giorni, la domenica, una volta all'anno, l'anno scorso, entro la fine dell'anno, subito, un giorno.*

Marcatori di quantità: *molto, poco, niente, tutto, nessuno, alcuni, tutti, pochi, qualcuno, tutti e due, uno su due, un terzo, il 25%, la maggioranza, qualche, qualche cosa.*

Espressioni interrogative: *chi? come? che cosa? quando? dove? quale? perché? quanto? come mai?*

Preposizioni: *per, in, a, a causa di, sotto, fra, per mezzo di, in mezzo a, intorno a, sopra, di fronte a, di, da, fino a, vicino a, lontano da, grazie a.*

PREPARAZIONE:

Date un'occhiata alle carte di pag. 51 e 52, su cui sono riportate le parole indicate sopra. Le carte servono per formare frasi di senso compiuto insieme alle illustrazioni presenti sul tabellone.
Se preferite potete anche compilare le carte che trovate a pag. 108, scegliendo le parole in base ad altri obiettivi didattici.
Per ogni gruppo di 4-6 studenti vi occorrono:
- un mazzo di carte (che trovate a pag. 51 e 52) o delle carte preparate da voi;
- una copia formato A3 del tabellone di pag. 53;
- un dado;
- un segnalino per ogni studente.

REGOLE DEL GIOCO:

Organizzazione del gioco: dividete gli studenti in gruppi di 4-6 persone. Date a ogni gruppo un tabellone, un dado, un numero adeguato di segnalini e un mazzo di carte.

Fate disporre gli studenti intorno al tavolo di gioco e mettete sul tabellone il mazzo di carte capovolto. Spiegate il gioco dando qualche esempio (vedi il paragrafo POSSIBILI SOLUZIONI).

Obiettivo del gioco: vince chi raggiunge per primo l'ARRIVO. Potete anche fissare un tempo limite, in questo caso vince il giocatore che, nel lasso di tempo stabilito, si avvicina di più al traguardo.

Svolgimento del gioco: i giocatori mettono i loro segnalini sulla PARTENZA, poi lanciano il dado e chi ottiene il punteggio più alto, dà inizio al gioco. I giocatori tirano il dado a turno e muovono i segnalini a serpentina, (da sinistra a destra e da destra a sinistra, seguendo le frecce al margine del tabellone) procedendo dall'alto verso il basso. Chi arriva su una casella con un'illustrazione, prende la prima carta del mazzo, legge la parola ad alta voce e inventa una frase di senso compiuto che contenga la parola e che sia tematicamente in relazione con l'immagine. Se il resto del gruppo accetta la frase, il gioco può continuare. In caso contrario il giocatore deve tornare sulla casella che occupava in precedenza.

POSSIBILI SOLUZIONI:

Illustrazione: Torre Eiffel
Carta: *mai*
Non sono mai stata a Parigi.

Illustrazione: Auto
Carta: *perché?*
Perché non ti compri una Lancia?

Illustrazione: Cuoco
Carta: *spesso*
Noi andiamo spesso al ristorante.

SUGGERIMENTI:

Come alternativa potete anche utilizzare il tabellone di pag. 111.

sempre	mai	spesso
di tanto in tanto	il più delle volte	qualche volta
raramente	in questo momento	due settimane fa
finora	fra un mese	oggi
la settimana prossima	ieri	domani
poco	adesso	molto
nessuno	niente	tutto
pochi	alcuni	tutti
uno su due	qualcuno	tutti e due
l'anno scorso	subito	un giorno
fino a	vicino a	lontano da

© Ernst Klett Verlag GmbH, Stoccarda 2000 e Bonacci editore, Roma 2001

la maggioranza	un terzo	il 25%
chi?	qualche	qualche cosa
quando?	come?	che cosa?
perché?	dove?	quale?
per	quanto?	come mai?
a causa di	in	a
per mezzo di	sotto	fra
sopra	in mezzo a	intorno a
da	di fronte a	di
grazie a	da ora in poi	tutti i giorni
una volta all'anno	la domenica	entro la fine dell'anno

Gioco della grammatica – Carte

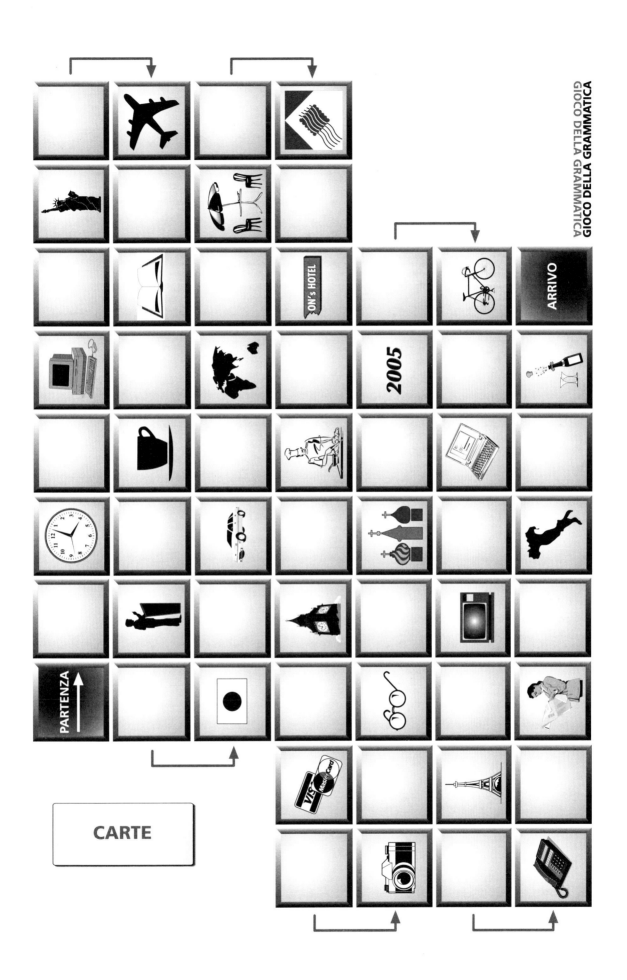

CARTE

ARRIVO

PARTENZA

2005

ON's HOTEL

 Gioco della grammatica – Tabellone

11. Gioco del lessico

Livello: da ** a ***

OBIETTIVI DIDATTICI:

Lessico generico

PREPARAZIONE:

Date un'occhiata alle carte di pag. 55 e 56. I vocaboli sulle carte di pag. 56 prevedono un livello di conoscenza più alto e andrebbero impiegati solo per gruppi di studenti di livello avanzato.
Se preferite, potete compilare le carte che si trovano a pag. 108, scegliendo voi stessi il lessico in base ai vostri obiettivi didattici. Cercate comunque di utilizzare delle parole che gli studenti conoscano e per le quali siano in grado di trovare un sinonimo o un contrario. È importante anche che sia loro nota almeno un'altra parola della stessa famiglia.

Per ogni gruppo di 4-6 studenti vi occorrono:
- un mazzo di carte (che trovate a pag. 55 e 56) o delle carte preparate da voi;
- una copia formato A3 del tabellone di pag. 57;
- un dado;
- un segnalino per ogni studente.

REGOLE DEL GIOCO:

Organizzazione del gioco: dividete gli studenti in gruppi di 4 persone. Date a ogni gruppo un tabellone, un dado, un numero adeguato di segnalini, e un mazzo di carte. Fate disporre gli studenti intorno al tavolo di gioco e mettete sul tabellone il mazzo di carte capovolto. Spiegate il gioco facendo una o due mosse dimostrative e lasciando rispondere gli studenti.

Obiettivo del gioco: vince il giocatore che raggiunge per primo l'ARRIVO. Potete anche fissare un tempo limite, in questo caso vincerà chi, nel lasso di tempo stabilito, si avvicinerà di più al traguardo.

Svolgimento del gioco: i giocatori mettono i loro segnalini sulla casella PARTENZA. Poi lanciano il dado e chi ottiene il punteggio più alto, dà inizio al gioco. I giocatori tirano il dado a turno e muovono i segnalini – da sinistra verso destra – seguendo le frecce sul tabellone. Ogni volta che un giocatore arriva su una casella, prende la prima carta del mazzo, legge ad alta voce la parola e svolge il compito indicato sul tabellone.
Se il resto del gruppo accetta la risposta, il gioco può proseguire, altrimenti il giocatore deve ritornare alla casella che occupava in precedenza.

POSSIBILI SOLUZIONI:

Definizione
Carta: *vedovo – uomo a cui è morta la moglie.*
È vedovo, sua moglie è morta un anno fa.

Sinonimo o contrario
Carta: *veloce – sinonimo di "svelto", contrario di "lento"*

Parola della stessa famiglia
Carta: *uscita – uscire, riuscire, uscio*

figlio	sposato	caldo
dolce	bello	parlare
correre	difficile	vedovo
bianco	vita	piccolo
veloce	terra	utile
mostra	comprare	addormentarsi
alto	libero	luce
spirito	fratello	amico
notte	felice	chiudere
tirare	uscita	arrivo
lungo	padre	vero
uomo	male	largo

Gioco del lessico – Carte

© Ernst Klett Verlag GmbH, Stoccarda 2000 e Bonacci editore, Roma 2001

duro	tranquillo	mangiare
pieno	giovane	estate
grasso	guerra	pubblico
perdere	sporco	femminile
lontano	braccio	noioso
intelligente	inizio	chiaro
causa	colpevole	amore
facoltativo	allegria	avaro
sconfitta	tragedia	aumento
comodo	rettangolare	acquisto
dimenticare	miseria	malattia
difesa	umidità	finire

Gioco del lessico – Carte

© Ernst Klett Verlag GmbH, Stoccarda 2000 e Bonacci editore, Roma 2001

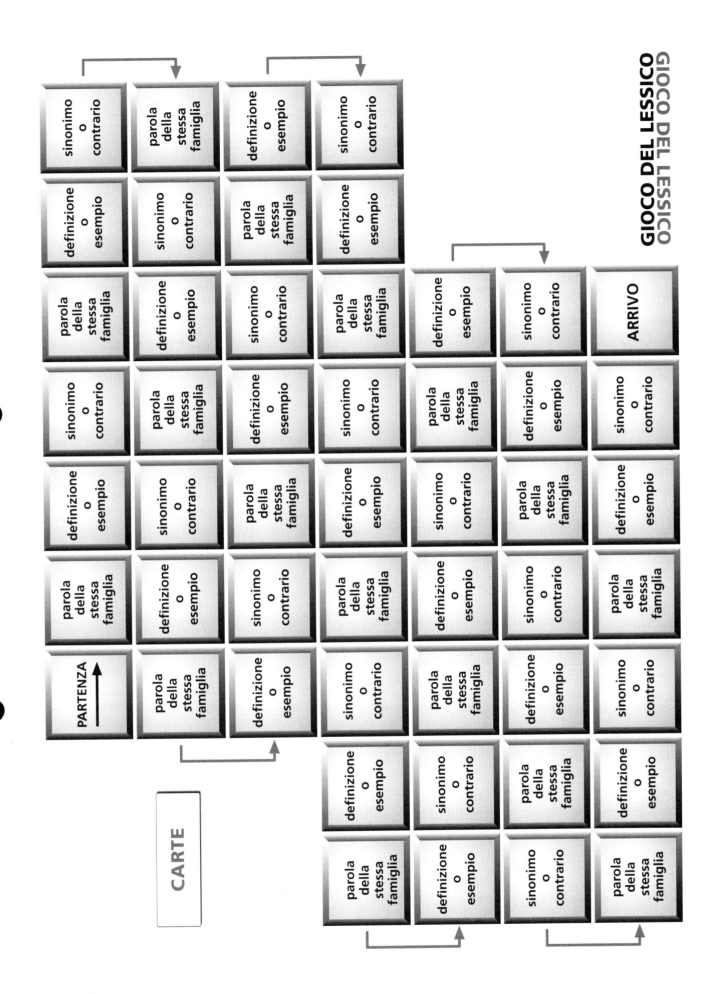

 Gioco del lessico – Tabellone

12. Gioco delle vacanze

LIVELLO: da ✲✲ a ✲✲✲

OBIETTIVI DIDATTICI:

Situazioni: in aeroporto, alla stazione, in banca, in un autonoleggio, in albergo, al ristorante.

Intenzioni comunicative: descrivere persone, luoghi e oggetti, parlare dei propri gusti e preferenze, esprimere risentimento, dare informazioni, esprimere la propria opinione, presentarsi, proporre attività e dare consigli.

Temi: abbigliamento, attività tipiche delle vacanze, ricordi, tipi di vacanza, tempo meteorologico.

PREPARAZIONE:

Per questo gioco sono necessari due mazzi di carte: le *carte dei bagagli* e le *carte degli inconvenienti*. Potete scegliere se utilizzare le carte di pag. 60 e 61, o se preferite compilare le carte in bianco che si trovano a pag. 109.
Per ogni gruppo di 4-6 studenti vi occorrono:
- due mazzi di carte (che trovate a pag. 60 e 61);
- una copia formato A3 del tabellone di pag. 62;
- un dado;
- un segnalino per ogni studente.

REGOLE DEL GIOCO:

Organizzazione del gioco: dividete gli studenti in gruppi di 4-6 persone. Date a ogni gruppo un tabellone, un dado, un segnalino per ciascun giocatore, un mazzo di *carte dei bagagli* e un mazzo di *carte degli inconvenienti*.
Fate disporre gli studenti intorno al tavolo di gioco e mettete sul tabellone entrambi i mazzi di carte capovolti. Spiegate il gioco facendo una o due mosse dimostrative e lasciando rispondere gli studenti. (Alcuni esempi si trovano più avanti nel paragrafo POSSIBILI SOLUZIONI).

Obiettivo del gioco: vince chi raggiunge per primo la casella ARRIVO. Potete anche fissare un tempo limite, in questo caso vince il giocatore che, nel lasso di tempo stabilito, si avvicina maggiormente al traguardo.

Svolgimento del gioco: i giocatori mettono i loro segnalini sulla PARTENZA. Poi lanciano il dado e chi ottiene il punteggio più alto dà inizio al gioco. I giocatori tirano il dado a turno e muovono i segnalini verso il basso o verso l'alto, seguendo le frecce sul tabellone. Chi arriva su una casella scritta, reagisce immediatamente alla situazione illustrata, coinvolgendo, se necessario, un altro giocatore nella conversazione. Chi capita su una casella *dei bagagli* o su una casella *degli inconvenienti*, prende la prima carta del mazzo corrispondente, legge ad alta voce la domanda e risponde di conseguenza. Se i compagni di gioco accettano la risposta, il gioco prosegue; in caso contrario il giocatore deve ritornare alla casella che occupava in precedenza.

POSSIBILI SOLUZIONI:

1. Hai passato le tue vacanze in un club vacanze e ne sei rimasto entusiasta. Raccomandalo a qualcun altro.
   Ma perché non vai in vacanza in un villaggio? È fantastico. Offrono tante attività sportive: tennis, golf, vela ecc. E poi c'è tanta gente simpatica.

2. A colazione in un albergo. Presentati ad un altro ospite.
   Buongiorno. Mi chiamo ... Sono arrivato ieri sera.

3. Ti trovi in aeroporto e hai perso di vista il tuo amico. Cerca di descriverlo.
   Sto cercando un ragazzo. È alto e biondo e indossa un impermeabile blu. L'ha visto per caso?

4. Descrivi a un turista un monumento storico che si trova nella tua città.
   È stato costruito circa 500 anni fa. All'interno ci sono degli affreschi ...

5. Conosci qualcuno durante le vacanze. Chiedigli che lavoro fa e racconta delle tue attività professionali.
   Lei che lavoro fa? – Io lavoro per una agenzia immobiliare nel centro di X.

6. Sali sul treno e cerchi un posto libero. Domanda gentilmente e continua poi la conversazione con il tuo vicino.
   Mi scusi, è libero questo posto? – Qui fa molto caldo, vero? Le dispiace se ...

7. Vuoi prendere una macchina a noleggio. Spiega che tipo di automobile cerchi e perché.
   Avremmo bisogno di una macchina per una settimana. Non abbiamo molti bagagli e siamo solo in due. Quindi ci basterebbe una macchina piccola.

8. Prima di tornare a casa passi in un negozio per comprare un regalo a ... Spiega che cosa desideri e informati sui prezzi.
Sto cercando un regalo per mia figlia. Le piace tanto l'argento. Mi fa vedere degli orecchini? Questi quanto costano?

9. Alla stazione. Informati sull'orario dei treni e compra un biglietto.
Mi scusi, quando parte il prossimo treno per Arezzo? – Andata e ritorno, per piacere.

10. Alla reception di un albergo. Chiedi una camera e informati sul suo prezzo.
Buongiorno. Sto cercando una camera doppia con bagno per due notti. Ne avete una libera? – Quanto costa?

11. Durante le vacanze hai conosciuto alcune persone simpatiche e vorresti passare una serata insieme a loro. Fa' una proposta.
Potremmo andare a cena insieme, magari in quel piccolo ristorante ...

12. Esprimi il tuo parere sul campeggio.
Mi attira poco. Devo dire che preferisco un letto in un buon albergo.

13. Stai guardando delle foto scattate durante le vacanze. Descrivine una.
Qui sono con Lidia. Stiamo bevendo il nostro solito aperitivo in un bar.

14. Sei tornato in albergo dopo una gita turistica. Lì incontri delle persone che avevi già notato durante la gita. Come reagisci?
Ma guarda, anche voi state in questo albergo!? – Vi è piaciuta la gita? – Ma quante curve per arrivare lassù!!

15. Andare in vacanza d'inverno. Di' che cosa ne pensi.
Per me le settimane bianche sono più riposanti delle vacanze estive, forse anche perché non sopporto il gran caldo.

16. Non ti senti bene mentre sei in vacanza. Spiega al dottore il tuo problema.
Ho mal di stomaco. – Mi fa male la testa e mi sento molto stanco.

17. Stai cambiando dei soldi in banca. Ricevi 130 euro. Di' come vuoi le banconote.
Mi dia un biglietto da 50 e il resto da 10 e da 5.

18. Esprimi il tuo parere sui viaggi organizzati.
Secondo me sono comodi: gli animatori organizzano tutto al posto tuo e tu puoi goderti in pace la vacanza.

19. Spiega a un turista come raggiungere un monumento storico a tua scelta.
La torre si trova in via della Liberazione. Dunque, Lei va sempre diritto, poi al secondo semaforo gira a destra e vedrà la torre alla sua sinistra.

20. Esprimi a qualcuno il tuo apprezzamento per la sua città.
La Sua città mi piace proprio. È una delle più belle che io abbia mai visto.

21. Al ristorante. Chiedi il menù e ordina la cena.
Mi può portare il menù, per favore? Allora, come primo prendo gli spaghetti alle vongole e come secondo l'arrosto di vitello. Da bere un quarto di bianco.

22. Vacanze in bicicletta. Di' che cosa ne pensi.
Se il tempo è bello, va bene, ma se piove ... non so se lo farei.

23. Che tipo di vacanza consiglieresti a una giovane coppia con due bambini piccoli?
Io vi consiglierei di andare in Danimarca, è il posto ideale per una famiglia con bambini piccoli!

24. Al tuo albergo sono arrivati dei nuovi ospiti. Consiglia alcune gite turistiche che hai fatto.
Quella gita in barca è molto interessante, si vedono delle grotte stupende. E poi vi consiglierei anche ...

Una giovane coppia con un bambino di 6 mesi va in Spagna in macchina. Si fermeranno in un appartamento per quindici giorni. Che cosa mettono in valigia?

Una famiglia con due ragazzi di 12 e 15 anni va a passare le vacanze invernali in una località sciistica molto famosa. Che cosa mettono in valigia?

Una studentessa tedesca va a passare le sue vacanze estive in una piccola città toscana per studiare l'italiano. Che cosa mette in valigia?

Un gruppo di signore vuol passare il week-end in una grande città per fare delle compere. Che cosa mettono in valigia?

Quattro persone vanno in macchina a visitare una città dell'Europa dell'Est. Forse andranno anche all'Opera o a teatro. Che cosa mettono in valigia?

Alcuni amici fanno un viaggio a Creta perché sono appassionati di uccelli e fiori. Che cosa ci sarà nel loro bagaglio?

È autunno. Una coppia sulla cinquantina va per dieci giorni sulle Dolomiti per fare delle escursioni. Che cosa mettono in valigia?

Uno studente vuole viaggiare in autostop attraverso l'Europa. Che cosa porta come bagaglio?

Due coppie vogliono passare le loro vacanze natalizie su una spiaggia del Medio Oriente. Che cosa portano con sé?

Due signore vanno in Kenia. Trascorreranno la prima settimana in spiaggia e la seconda facendo un safari fotografico. Che cosa mettono in valigia?

Due persone vanno in India con un viaggio organizzato. Sul posto faranno molte gite in pullman. Di che cosa avranno bisogno?

Una giovane coppia ama l'avventura. Parte per la giungla brasiliana. Che cosa porta come bagaglio?

Quest'anno i tuoi vicini di casa vanno negli Stati Uniti e vogliono visitare il più possibile attraversando il continente in pullman. Che cosa portano come bagaglio?

Due ragazze vanno a fare un corso di pittura in Umbria. Che cosa mettono in valigia?

Una signora anziana ha deciso di fare una crociera nel Mediterraneo. Che cosa mette in valigia?

Un gruppo di uomini ha deciso di fare una gita in bicicletta. Vogliono percorrere 200 km in dieci giorni. Che cosa hanno come bagaglio?

Un gruppo di persone decide di passare una settimana di vacanza in Francia tra cultura e gastronomia. Che cosa mettono in valigia?

E tu, dove passerai la tua prossima vacanza? Che cosa metterai in valigia?

60

Gioco delle vacanze – Carte dei bagagli

Il tuo treno è in ritardo. Perderai la coincidenza. Che cosa fai?

Sei a Roma e non trovi più né il tuo passaporto né la tua patente. Ti ricordi di aver visto i tuoi documenti stamattina in albergo nella borsa. Che cosa fai?

Non sei contento del tuo albergo. Che cosa fai?

Vuoi passare un week-end sugli sci. Sulla strada c'è molta neve e hai dimenticato le catene. Che cosa fai?

Nel catalogo l'albergo aveva un aspetto molto diverso. In realtà i lavori non sono ancora finiti e la spiaggia è distante 3 chilometri. Che cosa fai?

Sei all'aeroporto, ma i tuoi bagagli non ci sono. Che cosa fai?

Ti trovi su un'isola e vorresti tornare a casa. A causa del mare in tempesta tutti i traghetti sono stati sospesi. Che cosa fai?

Ti stai godendo un bel pranzo al ristorante. Improvvisamente ti ricordi di non avere più soldi nel portafoglio. Che cosa fai?

Sei in vacanza e hai avuto una settimana di pioggia. Secondo le previsioni del tempo anche la settimana prossima non sarà molto bella. Che cosa fai?

Nella tua camera d'albergo la doccia non funziona. Che cosa fai?

Hai il mal di mare durante una gita in barca. Anche il viaggio di ritorno sarà per mare. Che cosa fai?

La prima colazione al tuo albergo non ti soddisfa. Che cosa fai?

Hai dolori di stomaco perché ha mangiato qualcosa che ti ha fatto male. Che cosa fai?

Il conto che il cameriere ti ha portato non ti sembra giusto. Che cosa fai?

Fai una gita con un tuo amico in una zona montuosa molto isolata. Lui si fa male ad un piede e non riesce più a camminare. Che cosa fai?

L'albergo è molto rumoroso e non riesci a dormire la notte. Che cosa fai?

Hai parcheggiato la macchina in una città che conosci poco e ora non riesci più a ritrovarla. Che cosa fai?

La tua carta bancomat non funziona e sei rimasto senza soldi. Che cosa fai?

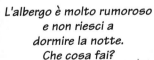

Gioco delle vacanze – Carte degli inconvenienti

© Ernst Klett Verlag GmbH, Stoccarda 2000 e Bonacci editore, Roma 2001

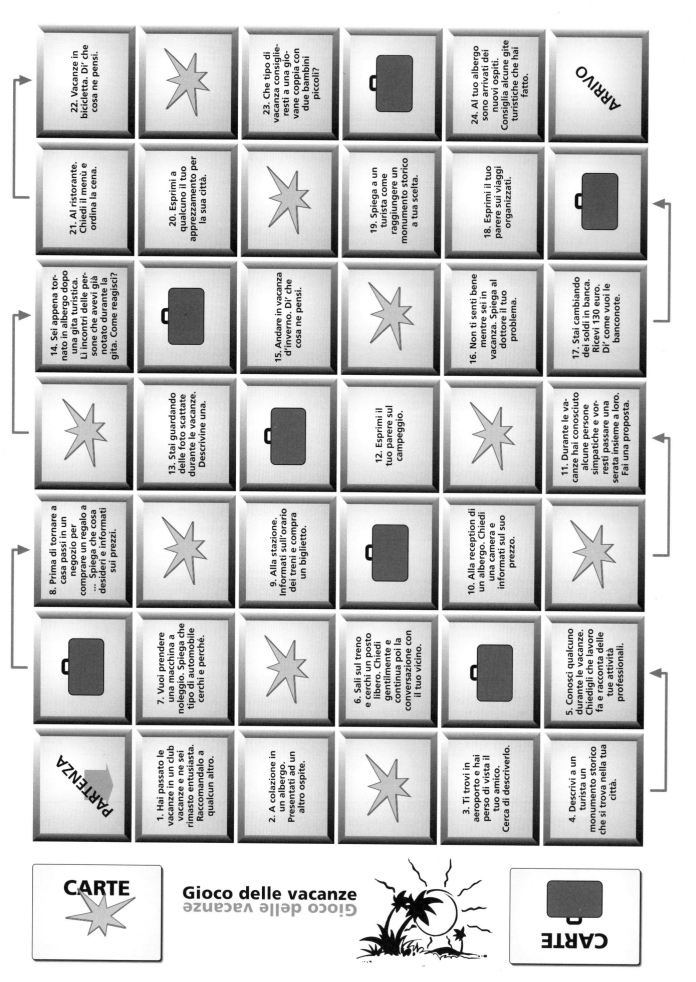

Gioco delle vacanze

PARTENZA

ARRIVO

CARTE

CARTE

1. Hai passato le vacanze in un club vacanze e ne sei rimasto entusiasta. Raccomandalo a qualcun altro.

2. A colazione in un albergo. Presentati ad un altro ospite.

3. Ti trovi in aeroporto e hai perso di vista il tuo amico. Cerca di descriverlo.

4. Descrivi a un turista un monumento storico che si trova nella tua città.

5. Conosci qualcuno durante le vacanze. Chiedigli che lavoro fa e racconta delle tue attività professionali.

6. Sali sul treno e cerchi un posto libero. Chiedi gentilmente e continua poi la conversazione con il tuo vicino.

7. Vuoi prendere una macchina a noleggio. Spiega che tipo di automobile cerchi e perché.

8. Prima di tornare a casa passi in un negozio per comprare un regalo a ... Spiega che cosa desideri e informati sui prezzi.

9. Alla stazione. Informati sull'orario dei treni e compra un biglietto.

10. Alla reception di un albergo. Chiedi una camera e informati sul suo prezzo.

11. Durante le vacanze hai conosciuto alcune persone simpatiche e vorresti passare una serata insieme a loro. Fai una proposta.

12. Esprimi il tuo parere sul campeggio.

13. Stai guardando delle foto scattate durante le vacanze. Descrivine una.

14. Sei appena tornato in albergo dopo una gita turistica. Lì incontri delle persone che avevi già notato durante la gita. Come reagisci?

15. Andare in vacanza d'inverno. Di' che cosa ne pensi.

16. Non ti senti bene mentre sei in vacanza. Spiega al dottore il tuo problema.

17. Stai cambiando dei soldi in banca. Ricevi 130 euro. Di' come vuoi le banconote.

18. Esprimi il tuo parere sui viaggi organizzati.

19. Spiega a un turista come raggiungere un monumento storico a tua scelta.

20. Esprimi a qualcuno il tuo apprezzamento per la sua città.

21. Al ristorante. Chiedi il menù e ordina la cena.

22. Vacanze in bicicletta. Di' che cosa ne pensi.

23. Che tipo di vacanza consiglieresti a una coppia giovane con due bambini piccoli?

24. Al tuo albergo sono arrivati dei nuovi ospiti. Consiglia alcune gite turistiche che hai fatto.

Gioco delle vacanze – Tabellone

13. Gioco degli acquisti

LIVELLO: da ✲✲ a ✲✲✲

OBIETTIVI DIDATTICI:

Lessico:
nomi dei reparti di un grande magazzino, nomi dei prodotti.

Intenzioni comunicative:
chiedere informazioni sul prezzo, la qualità, il colore e la taglia e l'ubicazione di un articolo in vendita. Richiedere servizi, chiedere informazioni, chiedere aiuto.

PREPARAZIONE:

Potete scegliere se utilizzare le carte di pag. 65 o se preferite compilare le carte in bianco che si trovano a pag. 109.
Per ogni gruppo di 4-6 studenti vi occorrono:
- una serie di *liste degli acquisti* (che trovate a pag. 64) e un mazzo di carte "Scusi" (a pag. 65);
- una copia formato A3 del tabellone di pag. 66;
- un dado;
- un segnalino per ogni giocatore.

REGOLE DEL GIOCO:

Organizzazione del gioco: dividete gli studenti in gruppi di 4-6 persone. Date a ogni gruppo un tabellone, un dado, un numero adeguato di segnalini, una lista degli acquisti per ogni giocatore e le carte "*Scusi*".
Fate disporre i partecipanti intorno al tavolo di gioco e mettete sul tabellone il mazzo di carte "Scusi" capovolto. Spiegate il gioco facendo una o due mosse dimostrative e lasciando rispondere gli studenti. (Alcuni esempi sono riportati più avanti nel paragrafo POSSIBILI SOLUZIONI).

Obiettivo del gioco: vince il giocatore che raggiunge per primo il ristorante al quinto piano. Potete anche fissare un tempo limite, in questo caso vincerà chi avrà fatto più acquisti nel lasso di tempo stabilito.

Svolgimento del gioco: ogni giocatore prende una *lista degli acquisti* e si sceglie un compagno. I giocatori leggono le liste e le informazioni sul tabellone e per prima cosa cercano di capire, con l'aiuto dell'insegnante, il significato delle parole che non conoscono. Poi mettono i loro segnalini sulla PARTENZA. Quindi lanciano il dado e chi ottiene il punteggio più alto, dà inizio al gioco. I giocatori tirano il dado a turno e muovono i segnalini sul

tabellone a serpentina (da sinistra a destra e poi da destra a sinistra) procedendo dal basso verso l'alto. Chi arriva su una casella vuota, deve acquistare un prodotto della sua *lista* che sia in vendita in quel piano (cfr. il tabellone). Per far questo deve improvvisare un dialogo con il compagno prescelto, che impersona il commesso. In alcuni casi sono i giocatori stessi a dover decidere in quale piano sia possibile trovare l'articolo in questione.
Chi arriva su una casella "Scusi", prende la prima carta del mazzo, ne legge il contenuto ad alta voce e insieme al suo compagno improvvisa una conversazione appropriata alla situazione descritta. Se il resto del gruppo approva il dialogo, il gioco può proseguire; altrimenti il giocatore di turno deve ritornare alla casella che occupava in precedenza.

POSSIBILI SOLUZIONI:

Caselle vuote
Un giocatore ha la lista delle cose da comprare numero 2 e arriva su una casella vuota del quarto piano.

Giocatore: *Mi scusi, sto cercando una cassetta di canzoni napoletane.*
Compagno: *Ecco qua, c'è questa con le canzoni più tradizionali oppure quest'altra che contiene invece canzoni più recenti.*
Giocatore: *Le posso ascoltare?*
Compagno: *Come no. Si accomodi, lì ci sono le cuffie.*

Carte "Scusi"
Carta: Hai perso il tuo portafoglio nel supermercato.

Giocatore: *Scusi, ho perso il portafoglio. Qualcuno lo ha trovato?*
Compagno: *No, finora non è stato trovato nessun portafoglio, provi a descrivermelo, non si sa mai ...*
Giocatore: *È di cuoio rosso.*
Compagno: *Cosa c'è dentro?*
Giocatore: *La mia carta bancomat, la patente e circa 50 euro.*
Compagno: *Mi dia il Suo numero di telefono. Così magari...*

Carta: Vuoi cambiare una cosa che hai comprato ieri.
Giocatore: *Scusi, ieri ho comprato questo maglione, ma è troppo stretto.*
Compagno: *Ha lo scontrino?*
Giocatore: *Sì, eccolo.*

Cose da comprare 1

un regalo per la nascita di un bambino
una scatola di cioccolatini
un libro per un bambino di 6 anni
dei biscotti
una crema solare
una borsa
una maglietta
una audiocassetta
2 regali per …

Cose da comprare 2

un CD di canzoni napoletane
un regalo per il matrimonio di tua nipote
un rullino
un asciugacapelli
una rivista di moda
un maglione
un paio di orecchini
una cravatta
2 regali per …

Cose da comprare 3

un CD di musica pop
un paio di calze
un dizionario italiano-tedesco
un foulard
una pentola
una sveglia
una tovaglia
della carta igienica
2 regali per …

Cose da comprare 4

una bambola
un impermeabile
un etto di parmigiano
un CD di musica italiana barocca
un pigiama
delle caramelle alla menta
un costume da bagno
una catenina per un regalo di battesimo
2 regali per …

Cose da comprare 5

un giornale tedesco
una guida di Firenze
un pacchetto di tè
una racchetta da tennis
un giocattolo per un bambino di 4 anni
un paio di pantaloni
dei guanti
uno shampoo
2 regali per …

Cose da comprare 6

una saponetta
delle cartoline
un libro di cucina
una gonna di seta
un asciugamano
una lampadina elettrica
un paio di sandali
un profumo
2 regali per …

Gioco degli acquisti – Cose da comprare

© Ernst Klett Verlag GmbH, Stoccarda 2000 e Bonacci editore, Roma 2001

Hai perso il portafoglio
nel supermercato.

Il tuo orologio è fermo.
Chiedi l'ora a qualcuno.

Hai bisogno di franco-
bolli per spedire le tue
cartoline.

Hai bisogno di soldi.

Vuoi cambiare
qualcosa che hai
comprato ieri.

Cerchi la toilette.

Alcuni giorni fa hai
comprato una cosa che
non funziona.

Hai fatto accorciare
un vestito.
Lo vai a ritirare.

Vuoi spedire un
pacco.

Hai fatto aggiustare
una cosa. Chiedi se è
già pronta.

Hai comprato un regalo
a qualcuno. Chiedi se ti
possono fare un pacco
regalo.

Devi fare una
telefonata.

Hai un forte mal di
testa. Chiedi se puoi
avere un'aspirina.

Fai cadere un vaso di
cristallo che si rompe.
Ti scusi.

Hai bisogno di farti
consigliare per un
acquisto. Non trovi
nessuno del personale
addetto.

Devi prendere un
appuntamento dal
parrucchiere.

Non sai in quale reparto
si trova l'articolo che stai
cercando.

Vuoi spedire
un fax.

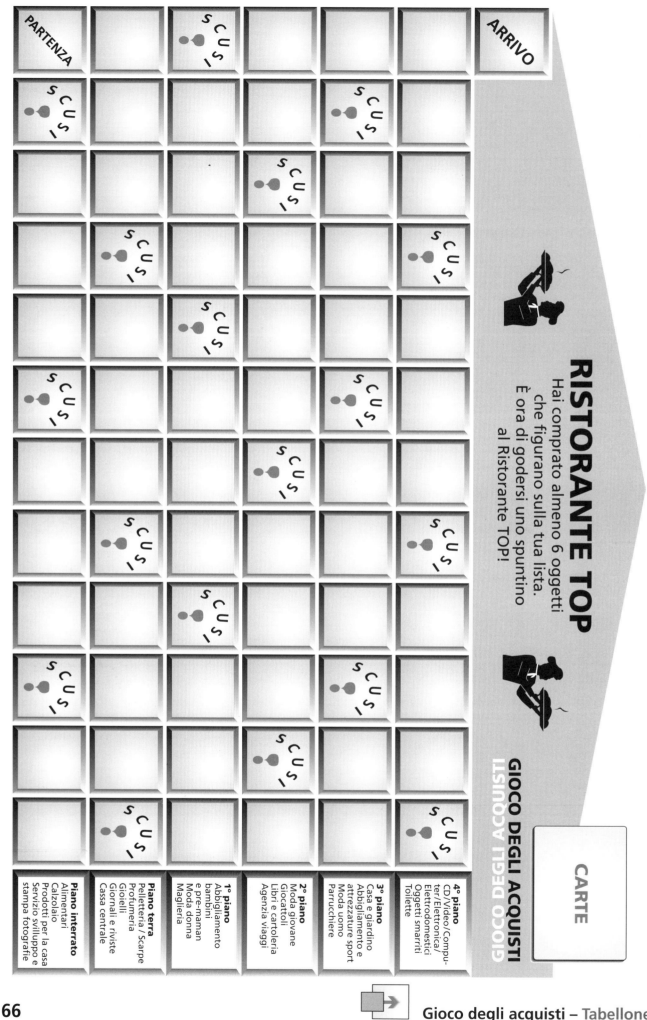

RISTORANTE TOP

Hai comprato almeno 6 oggetti che figurano sulla tua lista. È ora di godersi uno spuntino al Ristorante TOP!

GIOCO DEGLI ACQUISTI

GIOCO DEGLI ACQUISTI

CARTE

PARTENZA

ARRIVO

Piano interrato
Alimentari
Calzolaio
Prodotti per la casa
Servizio sviluppo e
stampa fotografie

Piano terra
Pelletteria / Scarpe
Profumeria
Gioielli
Giornali e riviste
Cassa centrale
Moda donna
Maglieria

1° piano
Abbigliamento
bambini
e pre-maman

2° piano
Moda giovane
Giocattoli
Libri e cartoleria
Agenzia viaggi

3° piano
Casa e giardino
Abbigliamento e
attrezzature sport
Moda uomo
Parrucchiere

4° piano
CD/Video/Compu-
ter/Elettronica/
Elettrodomestici
Oggetti smarriti
Toilette

66

Gioco degli acquisti – Tabellone

© Ernst Klett Verlag GmbH, Stoccarda 2000 e Bonacci editore, Roma 2001

14. Gioco dei tempi

LIVELLO: da ✲✲ a ✲✲✲✲

OBIETTIVI DIDATTICI:

Diversi tempi e modi verbali: presente indicativo, futuro, passato prossimo, imperfetto, gerundio, condizionale.

PREPARAZIONE:

Potete scegliere se utilizzare tutte le carte che trovate a pag. 69 e 70. Il gioco si semplifica se non utilizzate le carte che richiedono i tempi verbali più difficili. Se preferite potete compilare le carte di pag. 109 in base al livello di conoscenza dei vostri studenti. Per ogni gruppo di 4-6 persone vi occorrono:
- un mazzo di carte (a pag. 69 e 70) o un mazzo di carte preparate da voi (composto della stessa quantità di carte);
- una copia formato A3 del tabellone di pag. 71;
- un dado;
- un segnalino per ogni studente.

REGOLE DEL GIOCO:

Organizzazione del gioco: dividete gli studenti in gruppi di 4-6 persone. Date a ogni gruppo un tabellone, un dado, un numero adeguato di segnalini e un mazzo di carte.
Fate disporre i partecipanti intorno al tabellone. Spiegate il gioco facendo una o due mosse dimostrative e lasciando rispondere gli studenti. (Alcuni esempi sono riportati più avanti nel paragrafo POSSIBILI SOLUZIONI).

Obiettivo del gioco: vince il giocatore che per primo a) raggiunge 50 punti e
b) tirando il dado, ottiene sei e può lasciare il tabellone (è consentita qualsiasi direzione).

Svolgimento del gioco: i giocatori mettono i loro segnalini al centro del tabellone. Poi lanciano il dado e chi ottiene il punteggio più alto dà inizio al gioco. I giocatori tirano il dado a turno e, partendo dalla casella centrale, muovono i segnalini nella direzione che preferiscono. Chi arriva su una casella di color grigio chiaro, grigio scuro o nero, prende una carta, legge ad alta voce il quesito e risponde con una o due frasi. Se gli altri giocatori accettano la risposta, il giocatore di turno ottiene il numero di punti indicato sul tabellone. In caso contrario non riceve alcun punto. Chi arriva su una casella bianca, non può prendere carte dal mazzo, e non ha perciò la possibilità di guadagnare punti.

POSSIBILI SOLUZIONI:

Racconta a che ora ti alzi e che cosa prendi per colazione.
Mi alzo sempre alle sette, poi mi faccio il caffè e mangio una fetta di pane con burro e marmellata.

Racconta la tua giornata abituale.
Trascorro 8 ore al lavoro, la sera torno a casa, gioco con i bambini e guardo la TV.

Come raggiungi il posto di lavoro?
Prendo l'autobus, così non ho problemi di parcheggio.

Com'è il clima nel tuo paese?
È freddo e piovoso d'inverno, afoso in estate.

Pensa ad un amico o collega. Che cosa sta facendo in questo momento?
Il mio collega sta parlando al telefono.

Fai due frasi con almeno due delle parole seguenti: *guardando, telefonando, arrivando.*
Ho l'abitudine di stirare guardando la televisione.
Gli ospiti stanno arrivando.

Che cosa hai fatto ieri sera?
Ieri ho visto l'ultimo film di Benigni al cinema.

Chiedi a qualcuno del gruppo come ha passato lo scorso week-end.
Che cosa hai fatto lo scorso week-end?

Parla delle tue ultime vacanze.
Ho visitato l'Irlanda (viaggiando) in treno, è stato molto avventuroso!

Completa la frase seguente: *Cinquant'anni fa...*
... non si poteva navigare in Internet.

Completa questa frase: *Quando ero bambina...*
... passavo molto tempo all'aria aperta.

Completa questa frase: *Fra un anno...*
... potrò guidare la macchina.

Guarda queste forme verbali:
faccio - farò - ho fatto
Quali sono le forme analoghe per *dire, venire, vedere*?
dico – dirò – ho detto
vengo – verrò – sono venuto
vedo – vedrò – ho visto

Che cosa è cambiato negli ultimi anni nella tua città?
È aumentato il traffico e l'inquinamento.

Quali cambiamenti dobbiamo aspettarci nei prossimi vent'anni?
Si svilupperà sempre di più l'informatica.

Che cosa faresti se vincessi al lotto un milione di euro?
Farei tanti regali agli amici.

Completa la frase seguente: *I nostri figli probabilmente …*
… viaggeranno e conosceranno il mondo più di noi.

Quali sono i tuoi programmi per la prossima settimana?
La prossima settimana traslocherò nel nuovo appartamento.

Non ancora. Quale domanda può precedere questa risposta?
Avete già deciso il nome del bambino?

Qualcuno ti chiede: *Come è stata la tua giornata?* Che cosa rispondi?
Un po' noiosa ma mi sono riposato.

Parla di una svolta nella tua vita.
Una grande svolta nella mia vita c'è stata quando …

Parla di un momento particolarmente felice della tua vita.
Uno dei momenti più felici è stata la nascita di mia figlia.

Fai una frase usando la parola *mai*.
Temo che non vincerò mai alla lotteria di Capodanno!

Guarda queste forme verbali:
faccio – farò – ho fatto
Quali sono le forme analoghe per *prendere, finire, andare*?
prendo – prenderò – ho preso
finisco – finirò – ho finito
vado – andrò – sono andato/a

Guarda queste forme verbali:
faccio – farò – ho fatto
Quali sono le forme analoghe per *dare, essere, avere*?
do – darò – ho dato
sono – sarò – sono stato/a
ho – avrò – ho avuto

Guarda queste forme verbali:
fa – farebbe – faceva
Quali sono le forme analoghe per *dire, venire, stare*?
dice – direbbe – diceva
viene – verrebbe – veniva
sta – starebbe – stava

Guarda queste forme verbali:
fa – farebbe – faceva
Quali sono le forme analoghe per *prendere, finire, andare*?
prende – prenderebbe – prendeva
finisce – finirebbe – finiva
va – andrebbe – andava

Guarda queste forme verbali:
fa – farebbe – faceva
Quali sono le forme analoghe per *dare, essere, avere*?
dà – darebbe – dava
è – sarebbe – era
ha – avrebbe – aveva

Completa questa frase: *Da due anni …*
… mio marito è disoccupato.

Completa questa frase: *Se avessi più tempo …*
… studierei una nuova lingua.

Completa questa frase: *Lui è arrivato mentre stavo …*
… dormendo.

Completa questa frase: *Nel 1998 …*
… in Germania ci sono state le elezioni politiche.

Dove sei nato e qual è la tua nazionalità?
Sono nato a … e sono …

Descrivi un momento della tua giornata di oggi.
Stamattina quando sono uscito di casa …

Che cosa stavi facendo ieri sera intorno alle 8?
Ero al cinema.

Dove sarai domani a quest'ora?
Probabilmente sarò a casa.

Racconta a che ora ti alzi e che cosa prendi per colazione.	Racconta la tua giornata abituale.	Come raggiungi il posto di lavoro?
Com'è il clima nel tuo paese?	Pensa ad un amico o collega. Che cosa sta facendo in questo momento?	Fai due frasi con almeno due delle parole seguenti: guardando, telefonando, arrivando.
Che cosa hai fatto ieri sera?	Chiedi a qualcuno del gruppo come ha passato lo scorso week-end.	Parla delle tue ultime vacanze.
Completa la frase seguente: Cinquant'anni fa ...	Completa questa frase: Quando ero bambino/a ...	Completa questa frase: Fra un anno ...
Guarda queste forme verbali: faccio – farò – ho fatto. Quali sono le forme analoghe per dire, venire, vedere?	Che cosa è cambiato negli ultimi anni nella tua città?	Quali cambiamenti dobbiamo aspettarci nei prossimi vent'anni?
Che cosa faresti se vincessi al lotto un milione di euro?	Completa la frase seguente: I nostri figli probabilmente ...	Quali sono i tuoi programmi per la prossima settimana?

Gioco dei tempi – Carte

© Ernst Klett Verlag GmbH, Stoccarda 2000 e Bonacci editore, Roma 2001

Non ancora.
Quale domanda può
precedere questa
risposta?

Qualcuno ti chiede:
Come è stata
la tua giornata?
Che cosa rispondi?

Parla di una svolta nella
tua vita.

Parla di un momento
particolarmente felice
della tua vita.

Fai una frase usando
la parola mai.

Guarda queste forme
verbali: faccio – farò – ho
fatto. Quali sono le forme
analoghe per prendere,
finire, andare?

Guarda queste forme
verbali: faccio – farò – ho
fatto. Quali sono le forme
analoghe per dare,
essere, avere?

Guarda queste forme
verbali: fa – farebbe – faceva.
Quali sono le forme
analoghe per dire,
venire, stare?

Guarda queste forme
verbali: fa – farebbe – faceva.
Quali sono le forme
analoghe per prendere,
finire, andare?

Guarda queste forme
verbali: fa – farebbe – faceva.
Quali sono le forme
analoghe per dare,
essere, avere?

Completa questa frase:
Da due anni ...

Completa questa frase:
Se avessi più
tempo ...

Completa questa frase:
Lui è arrivato mentre
stavo ...

Completa questa frase:
Nel 1998 ...

Dove sei nato e qual è la
tua nazionalità?

Descrivi un momento della
tua giornata di oggi.

Che cosa hai fatto ieri
sera alle 8?

Dove sarai domani a
quest'ora?

Gioco dei tempi – Carte

PARTENZA

Gioco

dei tempi

PARTENZA

CARTE

PARTENZA

Gioco

dei tempi

PARTENZA

(10 punti)

(5 punti)

(1 punto)

 Gioco dei tempi – Tabellone

15. Gioco della cortesia

LIVELLO: da ✴✴ a ✴✴✴✴

OBIETTIVI DIDATTICI:

Salutare e congratularsi
Rispondere a saluti e a congratulazioni
Ricevere o comunicare buone/cattive notizie
Porgere o ricevere scuse
Fare o ricevere complimenti
Fare, accettare o rifiutare inviti
Aprire e chiudere conversazioni
Parlare della salute
Parlare del tempo

PREPARAZIONE:

Potete scegliere se utilizzare le carte di pag. 75-77, o se preferite, compilare voi stessi le carte in bianco che si trovano a pag. 109.
Per ogni gruppo di 4-6 studenti vi occorrono:
- un mazzo di carte (che trovate a pag. 75-77) o di carte compilate da voi;
- una copia formato A3 del tabellone di pag. 78;
- un dado;
- un segnalino per ogni giocatore.

REGOLE DEL GIOCO:

Organizzazione del gioco: dividete gli studenti in gruppi di 4-6 persone. Date a ogni gruppo un tabellone, un dado, un numero adeguato di segnalini e un mazzo di carte.
Fate disporre i partecipanti intorno al tavolo da gioco e mettete sul tabellone il mazzo di carte capovolto. Spiegate il gioco facendo una o due mosse dimostrative e lasciando rispondere gli studenti. (Alcuni esempi di risposte si trovano nel paragrafo POSSIBILI SOLUZIONI).

Obiettivo del gioco: vince il giocatore che raggiunge per primo l'ARRIVO. Potete anche fissare un tempo limite, in questo caso vince chi, nel lasso di tempo stabilito, si avvicina di più al traguardo.

Svolgimento del gioco: i giocatori mettono i loro segnalini sulla PARTENZA. Poi lanciano i dadi e chi ottiene il punteggio più alto, dà inizio al gioco. I giocatori tirano i dadi a turno e muovono i segnalini come indicato dalle frecce sul tabellone, vale a dire a serpentina (da sinistra a destra e da destra a sinistra), procedendo dal basso verso l'alto. Dopo ogni mossa, i giocatori prendono la prima carta del mazzo, ne leggono il contenuto ad alta voce e danno la loro risposta. Se necessario, possono scegliere un altro giocatore come interlocutore.
Se il resto del gruppo accetta la risposta, il gioco può proseguire; in caso contrario il giocatore di turno deve ritornare alla casella che occupava in precedenza.

POSSIBILI SOLUZIONI:

Qualcuno starnutisce. Che cosa dici?
Salute!

A pranzo con altre persone. Che cosa dici prima di iniziare a mangiare?
Buon appetito!

Vorresti avere il sale che si trova dall'altra parte della tavola. Che cosa dici?
Scusi, mi potrebbe passare il sale, per favore?

Ti trovi in autobus e pesti un piede a qualcuno. Che cosa dici?
Oh, mi scusi. – Mi dispiace.

Noti che c'è un'ape nel bicchiere del tuo vicino. Che cosa dici?
Stia attento! – Faccia attenzione! – Non beva!

Una tua amica ha avuto un bambino da poco. Che cosa le dici?
Congratulazioni!

Incontri un amico ai primi di gennaio. Che cosa gli auguri?
Buon Anno!

È il compleanno di una tua collega. Che cosa le dici?
Tanti auguri! – Buon compleanno!

Qualcuno ti fa gli auguri per il tuo compleanno. Che cosa rispondi?
Grazie.

Un amico sta per partire in aereo. Che cosa gli dici?
Buon viaggio. – Buone vacanze.

Stai per terminare una conversazione con qualcuno. Che cosa dici?
Arrivederci. – Alla prossima volta. – A domani.

Hai fatto un favore a qualcuno. Questa persona ti ringrazia. E tu, che cosa rispondi?
Non c'è di che. – Di niente. – Figurati.

Un amico ti dice che non può venire a cena da te. Che cosa rispondi?
Peccato. Sarà per un'altra volta.

Qualcuno ti offre di accompagnarti a casa in macchina. Che cosa dici?
Grazie, molto volentieri. – Molto gentile, ma preferisco fare due passi. Non abito lontano.

Vorresti andare a una mostra con un amico, ma sei senza macchina. Che cosa gli proponi?
Potremmo andarci con la tua macchina? – Potresti venirmi a prendere? – Mi potresti dare un passaggio?

Qualcuno ti chiede di salutargli un amico comune. Che cosa rispondi?
Sì, volentieri. – Certo, te lo saluto.

Tu non fumi. Qualcuno ti chiede se hai da accendere. Che cosa rispondi?
No, mi dispiace. Non fumo.

Vuoi dire qualcosa sul tempo che fa. Che cosa dici?
È un po' afoso stamattina, non trovi? – Che freddo stamattina!

Qualcuno ti dice: *Oggi è una giornata splendida!* Che cosa rispondi?
Sì, si sta proprio bene. – Speriamo che duri.

Sei in fila a uno sportello. Qualcuno arriva e si mette davanti a te. Che cosa gli dici?
Scusi, ma c'ero prima io. – Scusi, ma lei è arrivato dopo. – Guardi, si deve mettere in fila.

Un collega ti fa un regalo per il tuo compleanno. Che cosa dici?
Mille grazie. Mi fa proprio piacere. – Ma non dovevi disturbarti.

Saluta una persona che incontri alle cinque del pomeriggio.
Buona sera, signora.

Qualcuno ti dice: *Buongiorno, come sta?* Che cosa rispondi?
Non c'è male, grazie. – Bene, e Lei?

Chiedi a qualcuno di salutare da parte tua un'altra persona. Che cosa dici?
Salutami Giorgio! – Tanti saluti a Sua moglie. – Saluti a tuo marito.

Qualcuno ti dice: *Buon Anno.* Che cosa rispondi?
Buon Anno/anche a te.

Fa molto freddo e piove continuamente. Che cosa dici?
Che brutto tempo! – Che tempo da cani!

Un amico stretto ti trova molto pallido e ti chiede come stai di salute. Tu gli racconti del tuo problema.
Infatti, non sto troppo bene: ho sempre mal di testa

e mi sento debole. Chissà, forse mi sta venendo l'influenza.

Hai incontrato un vecchio amico che non vedevi da parecchio tempo. Che cosa gli dici prima di congedarti?
Mi ha fatto proprio piacere incontrarti. Dovremmo vederci più spesso.

In treno. Una signora ti chiede di aiutarla a sistemare una valigia molto pesante. Tu però hai problemi di schiena. Che cosa dici?
Mi dispiace, ma non posso sollevare pesi. – Purtroppo non posso, ho dei problemi di schiena.

Sei in città con un amico per fare acquisti. Alla cassa di un negozio ti accorgi di aver dimenticato il portafoglio a casa. Che cosa dici?
Mi potresti prestare un po' di soldi, per favore?

Un amico è dispiaciuto perché si è dimenticato di fare una cosa importante. Che cosa gli dici?
Non ti preoccupare, può capitare a tutti.

C'è una corrente d'aria che ti infastidisce. Che cosa dici?
Le dispiace se chiudo la finestra?

Qualcuno ti fa una domanda che ti sembra troppo indiscreta. Tu che cosa rispondi?
Scusi, ma questi sono affari miei. – Scusi, ma Lei è troppo curioso.

Un bambino si sta avvicinando troppo ad un incrocio. Che cosa dici?
Fermati! – Attento!

Una tua amica indossa una camicetta nuova. Fai un commento.
Che carina la tua camicetta. – Che camicetta originale. Dove l'hai presa?

Non puoi accettare un invito. Che cosa dici?
Mi dispiace proprio di non poter venire, ma devo assolutamente finire un lavoro.

In treno. Comincia una conversazione con il tuo vicino.
Lei dove va? – Che viaggio lungo, e poi sempre questi ritardi ...

In treno. Arriva qualcuno e ti fa notare che sei seduto in un posto prenotato. Che cosa dici?
Oh, mi scusi! – Scusi, non mi ero accorto che era occupato/riservato.

Congedati da un amico malato.
Telefonami se hai bisogno di qualcosa. – Tanti auguri per la tua salute.

Un amico si è messo il maglione alla rovescia.
Che cosa gli dici?
Guarda che ti sei messo il maglione alla rovescia.

Dopo un invito a cena ti congedi. Che cosa dici?
Mille grazie per l'invito. È stata una serata veramente simpatica, grazie ancora.

Chiedi un favore a qualcuno.
Scusi, potrebbe ... – Ti posso chiedere un favore?

In treno. Hai una valigia pesante che non riesci a sollevare da solo. Chiedi a qualcuno di aiutarti.
Scusi, mi potrebbe aiutare a mettere su la valigia?

A casa tua le porte sono abbastanza basse. Ti viene a trovare un amico molto alto. Che cosa gli dici?
Sta' attento alla testa.

In treno. C'è un solo posto libero. Che cosa dici?
È libero questo posto? – È occupato?

Al ristorante. Vuoi essere servito. Che cosa dici?
Cameriere! – Mi porti il menù, per favore.

Qualcuno ha appena preso la patente. Che cosa gli dici?
Congratulazioni!

Ti trovi in una città che conosci poco. Qualcuno ti chiede un'informazione. Che cosa rispondi?
Mi dispiace, ma non sono di qui. – Non saprei dirLe, non sono del posto.

Qualcuno ti fa un complimento. Che cosa dici?
Grazie.

Hai degli ospiti a casa tua. Uno di loro rompe un bicchiere abbastanza costoso. Come reagisci?
Non importa. Sono cose che succedono...

In una tavola calda. Qualcuno vuole mettersi al tuo tavolo e chiede: *Posso?* Che cosa rispondi?
Ma certo, si accomodi. – Mi dispiace, sto aspettando ancora qualcuno.

Una macchina con targa italiana sta per parcheggiare davanti al tuo garage. Che cosa dice?
Scusate, ma qui non potete parcheggiare.

Per festeggiare un compleanno si stappa una bottiglia di spumante. Brindando, che cosa si dice?
Cincin. – Salute.

Un amico deve presentarsi a un esame. Che augurio gli fai?
In bocca al lupo.

Qualcuno starnutisce.
Che cosa dici?

A pranzo con altri.
Che cosa dici prima di
iniziare a mangiare?

Vorresti avere il sale che
si trova dall'altra parte della
tavola. Che cosa dici?

Ti trovi in autobus e
pesti un piede a qualcuno.
Che cosa dici?

Noti che c'è un'ape nel
bicchiere del tuo vicino.
Che cosa dici?

Una tua amica ha avuto un
bambino da poco.
Che cosa le dici?

Incontri un amico
ai primi di gennaio.
Che cosa gli auguri?

È il compleanno di una
tua collega.
Che cosa le dici?

Qualcuno ti fa gli auguri per
il tuo compleanno.
Che cosa rispondi?

Un amico sta per
partire in aereo.
Che cosa gli dici?

Stai per terminare una
conversazione con qualcuno.
Che cosa dici?

Hai fatto un favore a
qualcuno. Questa persona
ti ringrazia.
E tu, che cosa rispondi?

Un amico ti dice che non
può venire a cena da te.
Che cosa rispondi?

Qualcuno ti offre di
accompagnarti a casa
in macchina.
Che cosa dici?

Vorresti andare a una
mostra con un amico, ma
sei senza macchina.
Che cosa gli proponi?

Qualcuno ti chiede di
salutargli un amico
comune.
Che cosa rispondi?

Tu non fumi.
Qualcuno ti chiede se hai
da accendere.
Che cosa rispondi?

Vuoi dire qualcosa
sul tempo che fa.
Che cosa dici?

Gioco della cortesia – Carte

Qualcuno ti dice:
Oggi è una giornata splendida!
Che cosa rispondi?

Sei in fila a uno sportello.
Qualcuno arriva e si mette davanti a te.
Che cosa gli dici?

Un collega ti fa un regalo per il tuo compleanno.
Che cosa dici?

Saluta una persona che incontri alle cinque del pomeriggio.

Qualcuno ti dice:
Buongiorno, come sta?
Che cosa rispondi?

Chiedi a qualcuno di salutare da parte tua un'altra persona.
Che cosa dici?

Qualcuno ti dice:
Buon Anno.
Che cosa rispondi?

Fa molto freddo e piove continuamente.
Che cosa dici?

Un amico stretto ti trova molto pallido e ti chiede come stai di salute.
Tu gli racconti del tuo problema.

Hai incontrato un vecchio amico che non vedevi da parecchio tempo.
Che cosa gli dici prima di congedarti?

In treno. Una signora ti chiede di aiutarla a sistemare una valigia molto pesante.
Tu però hai problemi di schiena.
Che cosa dici?

Sei in città con un amico per fare acquisti.
Alla cassa di un negozio ti accorgi di aver dimenticato il portafoglio a casa.
Che cosa dici?

Un amico è dispiaciuto perché si è dimenticato di fare una cosa importante.
Che cosa gli dici?

C'è una corrente d'aria che ti infastidisce.
Che cosa dici?

Qualcuno ti fa una domanda che ti sembra troppo indiscreta.
Che cosa dici?

Un bambino piccolo si sta avvicinando troppo ad un incrocio.
Che cosa dici?

Una tua amica indossa una camicetta nuova.
Fai un commento.

Non puoi accettare un invito.
Che cosa dici?

76

Gioco della cortesia – Carte

In treno. Comincia una conversazione con il tuo vicino.

In treno. Arriva qualcuno e ti fa notare che sei seduto in un posto prenotato.
Che cosa dici?

Congedati da un amico malato.

Un amico si è messo il maglione alla rovescia.
Che cosa gli dici?

Dopo un invito a cena ti congedi.
Che cosa dici?

Chiedi un favore a qualcuno.

In treno. Hai una valigia pesante che non riesci a sollevare da sola. Chiedi a qualcuno di aiutarti.

A casa tua le porte sono abbastanza basse. Ti viene a trovare un amico molto alto. Che cosa gli dici?

In treno.
C'è un solo posto libero.
Che cosa dici?

Al ristorante. Vuoi essere servito.
Che cosa dici?

Qualcuno ha appena preso la patente.
Che cosa gli dici?

Ti trovi in una città che conosci poco. Qualcuno ti chiede un'informazione.
Che cosa rispondi?

Qualcuno ti fa un complimento.
Che cosa dici?

Hai degli ospiti a casa tua. Uno di loro rompe un bicchiere abbastanza costoso. Come reagisci?

In una tavola calda. Qualcuno vuole mettersi al tuo tavolo e chiede:
Posso?
Che cosa rispondi?

Una macchina con targa italiana sta per parcheggiare davanti al tuo garage.
Che cosa dici?

Per festeggiare un compleanno si stappa una bottiglia di spumante.
Brindando, che cosa si dice?

Un amico deve presentarsi a un esame.
Che augurio gli fai?

Gioco della cortesia – Carte

CARTE

GIOCO DELLA CORTESIA
GIOCO DELLA CORTESIA

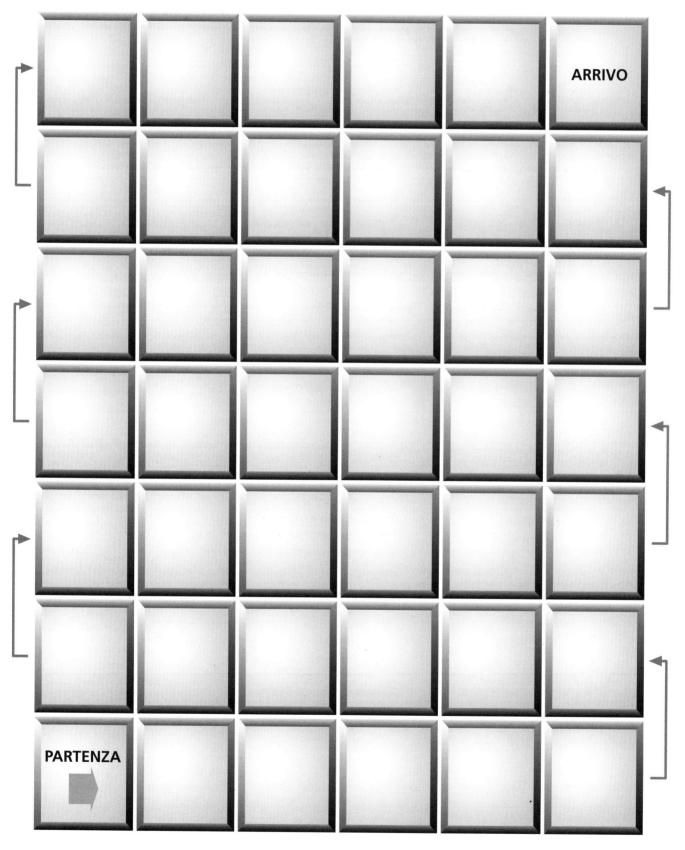

ARRIVO

PARTENZA

 Gioco della cortesia – Tabellone

16. Gioco di Natale

LIVELLO: da ✲✲ a ✲✲✲✲

OBIETTIVI DIDATTICI:

Lessico: lessico riguardante le tradizioni di Natale e Capodanno

Grammatica: condizionale

Intenzioni comunicative: descrivere usanze e piatti tipici
Esprimere e difendere opinioni
Fare, accettare o rifiutare inviti
Ringraziare
Esprimere dispiacere
Proporre passatempi e attività

PREPARAZIONE:

Potete scegliere se utilizzare le carte di pag. 81, o se preferite, compilare le carte in bianco che si trovano a pag. 109.
Per ogni gruppo di 4-6 studenti vi occorrono:
- un mazzo di carte (che trovate a pag. 81) o delle carte preparate da voi;
- una copia formato A3 del tabellone di pag. 82;
- un dado;
- un segnalino per ogni giocatore.

REGOLE DEL GIOCO:

Organizzazione del gioco: dividete gli studenti in gruppi di 4-6 persone. Date a ogni gruppo un tabellone, un dado, un segnalino per ciascun giocatore e un mazzo di carte.
Fate disporre i partecipanti intorno al tavolo da gioco e mettete sul tabellone il mazzo di carte capovolto. Spiegate il gioco facendo una o due mosse dimostrative e lasciando rispondere gli studenti. (Alcuni esempi sono riportati più avanti nel paragrafo POSSIBILI SOLUZIONI).

Obiettivo del gioco: vince chi raggiunge per primo l'ARRIVO. Potete anche fissare un tempo limite, in questo caso vince il giocatore che, nel lasso di tempo stabilito, si avvicina di più al traguardo.

Svolgimento del gioco: i giocatori mettono i loro segnalini sulla PARTENZA. Poi lanciano il dado e chi ottiene il punteggio più alto, dà inizio al gioco. I giocatori tirano il dado a turno e muovono i segnalini seguendo il percorso indicato sul tabellone. Chi arriva su una casella scritta, ne legge il contenuto ad alta voce e risponde di conseguenza. Se gli altri giocatori accettano la risposta, il gioco prosegue; in caso contrario il giocatore di turno deve ritornare alla casella che occupava in precedenza.

Chi capita su una casella contrassegnata dal simbolo del regalo, prende la prima carta del mazzo e propone un regalo adatto alla persona indicata, ad esempio:

Carta Regalo:	Una zia che ha tre gatti
Proposta di regalo:	*Per una zia che ha tre gatti comprerei del cibo per gatti e tre ciotole*

Carta Regalo:	Una baby-sitter
Proposta di regalo:	*Alla mia baby-sitter comprerei un libro*

Anche in questo caso sono gli altri giocatori a giudicare la validità della risposta.

POSSIBILI SOLUZIONI:

1. Invita qualcuno a festeggiare insieme a te il Capodanno.
   Vorrei invitare alcuni amici per festeggiare insieme il Capodanno. Tu vieni, vero?

2. Qual è secondo te il miglior modo per aspettare l'anno nuovo?
   Niente feste. Io preferisco ascoltare della musica classica e leggere un bel libro.

3. Rifiuta un invito ad una festa di Capodanno.
   Mi dispiace proprio, ma ho già promesso a mia madre di passare il Capodanno con lei.

4. Non hai voglia di passare il Natale con la tua famiglia. Che cosa decidi di fare?
   A Natale vado a sciare con degli amici.

5. Che cosa ne pensi della moda di passare il Natale nei paesi caldi?
   Mi sembra una fuga. Per me Natale significa anche inverno, freddo e neve.

6. Descrivi il pasto tradizionale della vigilia di Natale.
   Da noi è tradizione mangiare pesce.

7. Hai deciso di passare il Natale da solo. Rifiuti un invito dei tuoi amici.
   Grazie per l'invito, ma vorrei passare Natale da solo. Vengo volentieri un altro giorno.

8. Vorresti rinunciare all'albero di Natale. Spiega i tuoi motivi.
   Quest'anno non voglio fare l'albero, prima di tutto per motivi ecologici e poi perché partiamo subito dopo Natale e così ce lo godiamo poco.

9. La tua famiglia vorrebbe passare Natale in una località sciistica. Non sei d'accordo. Perché?
Io preferirei che tutta la famiglia si riunisse a casa. Non mi piace l'idea di passare il Natale in albergo.

10. Per Natale proponi di impegnarti in un'iniziativa umanitaria.
Invece di fare regali di cui nessuno ha bisogno potremmo mettere insieme un po' di soldi per aiutare i bambini del Terzo Mondo.

11. Descrivi un Natale che non dimenticherai mai.
È stato un Natale della mia infanzia. ...

12. Sei contrario ad impacchettare i regali. Spiega perché.
Sono contrario allo spreco di tanta carta. Bisogna pensare ai rifiuti che stiamo producendo.

13. Un amico ti ha fatto un regalo molto costoso. Che cosa dici?
Grazie per il tuo bellissimo regalo. Ma non dovevi spendere tanti soldi!

14. Accetta un invito ad un veglione di Capodanno.
Grazie per l'invito. Vengo volentieri.

15. Parla di un dolce che si usa mangiare a Natale.
Da noi, durante il periodo natalizio, si mangia una grande varietà di biscottini fatti in casa.

16. Descrivi un'usanza natalizia tipica del tuo paese o della tua regione.
Nel periodo natalizio ci sono molti mercatini dove si comprano piccoli oggetti, candele e prodotti artigianali.

17. Qualche giorno prima della fine dell'anno dopo una festa da amici. Congedati da loro e ringraziali.
Grazie della bella serata e felice anno nuovo!

18. La vigilia di Natale qualcuno in casa tua vuole guardare la televisione. Tu che cosa dici?
La televisione la puoi guardare tutte le sere. Ma stasera vogliamo fare qualcosa di diverso, tutti insieme ...

19. Una persona che hai invitato a casa tua per Capodanno ti dice che è vegetariana. Che cosa rispondi?
Non c'è problema: ti faccio una omelette.

20. Natale in Italia. Racconta quello che sai di una delle seguenti tradizioni italiane: *panettone, presepio, befana.*

21. Ricevi un regalo che non ti piace. Ringrazia comunque.
Grazie per il tuo regalo. Sei stato gentile a pensare a me.

Una zia che ha tre gatti

Un ragazzo quindicenne

Una vicina di casa che si occupa dei fiori quando sei in vacanza

Una baby-sitter

Un amico italiano

Un amico tifoso di calcio

Una nipote appassionata di musica pop

I suoceri a cui piace viaggiare

Una sorella che lavora in una libreria

Un fratello undicenne

Una cugina in America

Una figlioccia di sei mesi

Un nipotino di 4 anni

Un amico molto ricco

Una coppia appena sposata

Un collega molto gentile

Uno zio di 86 anni che vive da solo in campagna

Il tuo insegnante d'italiano

Gioco di Natale – Carte

© Ernst Klett Verlag GmbH, Stoccarda 2000 e Bonacci editore, Roma 2001

GIOCO DI NATALE
GIOCO DI NATALE
GIOCO DI NATALE

10. Per Natale proponi di impegnarti in un'iniziativa umanitaria.

9. La tua famiglia vorrebbe passare il Natale in una località sciistica. Tu non sei d'accordo. Perché?

8. Vorresti rinunciare all'albero di Natale. Spiega i tuoi motivi.

7. Hai deciso di passare il Natale da solo. Rifiuta un invito dei tuoi amici.

6. Descrivi il pasto tradizionale della vigilia di Natale.

11. Descrivi un Natale che non dimenticherai mai.

5. Che cosa ne pensi della moda di passare il Natale nei paesi caldi?

ARRIVO

21. Ricevi un regalo che non ti piace. Ringrazia comunque.

4. Non hai voglia di passare il Natale con la tua famiglia. Che cosa decidi di fare?

12. Sei contrario ad impacchettare i regali. Spiega perché.

20. Natale in Italia. Racconta quello che sai di una delle seguenti tradizioni italiane: *panettone, presepio, befana.*

3. Rifiuta un invito ad una festa di Capodanno.

13. Un amico ti ha fatto un regalo molto costoso. Che cosa dici?

19. Una persona che hai invitato a casa tua per Capodanno ti dice che è vegetariana. Che cosa rispondi?

2. Qual è secondo te il miglior modo per aspettare l'anno nuovo?

14. Accetta un invito ad un veglione di Capodanno.

CARTE

1. Invita qualcuno a festeggiare insieme a te il Capodanno.

15. Parla di un dolce che si usa mangiare a Natale.

16. Descrivi una usanza natalizia tipica del tuo paese o della tua regione.

17. Qualche giorno prima della fine dell'anno dopo una festa da amici. Congedati da loro e ringraziali.

18. La vigilia di Natale qualcuno a casa tua vuole guardare la tele-visione. Che cosa dici?

PARTENZA

Gioco di Natale – Tabellone

© Ernst Klett Verlag GmbH, Stoccarda 2000 e Bonacci editore, Roma 2001

17. Gioco delle persone

LIVELLO: da $**$ a $****$

OBIETTIVI DIDATTICI:

Dare indicazioni su se stessi
Descrivere le persone e il loro carattere

PREPARAZIONE:

Per questo gioco sono necessari quattro diversi mazzi di carte: **Dati personali, Famiglia e amici, Altra gente e Personaggi famosi.**
Ogni mazzo è composto da nove carte. Date un'occhiata alle carte di pag. 85 e 86 e decidete se volete utilizzarle, o se preferite compilare le carte in bianco che si trovano a pag. 109.
Per ogni gruppo di 4 persone vi occorrono:
- quattro mazzi di carte (che trovate a pag. 85 e 86);
- una copia formato A3 del tabellone di pag. 87;
- un dado;
- un segnalino per ogni studente.

REGOLE DEL GIOCO:

Organizzazione del gioco: dividete gli studenti in gruppi di 4 persone. Date a ogni gruppo un tabellone, un dado, un numero adeguato di segnalini e i quattro mazzi per un totale di 36 carte. Fate disporre i partecipanti intorno al tabellone, un giocatore per ciascun angolo. Sistemate sul tabellone i quattro mazzi di carte capovolti. Spiegate il gioco facendo una o due mosse dimostrative e lasciando rispondere gli studenti. (Alcuni esempi sono riportati più avanti nel paragrafo POSSIBILI SOLUZIONI).

Obiettivo del gioco: vince il giocatore che raggiunge per primo l'ARRIVO. Potete anche fissare un tempo limite, in questo caso vince chi, nel lasso di tempo stabilito, si avvicina di più al traguardo.

Svolgimento del gioco: ogni giocatore si mette ad un angolo del tabellone e sistema il proprio segnalino sulla PARTENZA. Poi si lancia il dado e chi ottiene il punteggio più alto, dà inizio al gioco.
I giocatori tirano i dadi a turno e muovono i segnalini in base al percorso tracciato sulla propria porzione di tabellone. Ogni volta che un giocatore arriva su una casella, prende una carta dal mazzo con il simbolo corrispondente a quello della casella, e risponde alla domanda – ricorrendo eventualmente all'aiuto di un compagno di gioco che farà da interlocutore. Se gli altri giocatori accettano la risposta, il gioco prosegue; in caso contrario, il

giocatore di turno dovrà ritornare alla casella che occupava in precedenza.

POSSIBILI SOLUZIONI:

Mazzo 1: Dati personali

Presentati a qualcuno.
Piacere di conoscerLa, io sono ...

Quali sono i tuoi colori preferiti?
Il verde e il blu.

Di' il tuo nome, il tuo indirizzo e il tuo numero di telefono.
Mi chiamo ..., abito a ... in via ... e il mio numero di telefono è ...

Parla dei tuoi hobby.
Per rilassarmi vado in piscina, leggo, ascolto musica.

Nomina tre cose che sai far bene.
So sciare molto bene, sono bravo a suonare la chitarra e a cantare.

Nomina tre città che ti piacciono.
Parigi, Norimberga, Bergamo.

Parla della tua infanzia.
Quando ero bambino ...

Che cosa fai quando ti senti depresso?
Cerco di fare qualcosa di divertente: esco con gli amici o guardo un film comico.

Di' che cosa è più importante nella vita per te.
L'affetto dei familiari e degli amici.

Mazzo 2: Famiglia e amici

Descrivi un membro della tua famiglia.
Mio fratello è alto e robusto, ha i capelli e gli occhi scuri.

Nomina 5 oggetti che si trovano nel salotto di un tuo amico.
Ci sono un divano, uno specchio e una lampada. Poi ci sono due poltrone e un tavolino.

Spiega come si arriva a casa di un tuo amico.
Si prende l'autobus numero 18 alla stazione e si scende alla terza fermata. Poi si continua a piedi.

Pensa a tre amici. Con chi dividono il loro appartamento?
Marco abita da solo, Caterina vive con suo marito, Stefano invece divide la casa con altri studenti.

Pensa alla tua maestra elementare. Com'era?
La ricordo buona e simpatica ma anche un po' severa.

Descrivi una persona alla quale ti senti molto vicino.
Il mio migliore amico non è molto alto, è biondo e molto magro. È simpatico e spiritoso.

Pensa a due amici. Quali sono i loro hobby?
Al primo piace pattinare, l'altro va a pescare tutte le domeniche.

Parla di una persona che secondo te ha una vita interessante.
È qualcuno che ho conosciuto in treno ...

Pensa ad un tuo familiare o amico e immagina che cosa sta facendo in questo momento.
Mio marito probabilmente sta prendendo il caffè con un collega.

Mazzo 3: Altra gente

Nomina tre parole che indicano lo stato civile di una persona.
nubile, divorziato, vedovo.

Pensa a 5 persone che conosci. Qual è la loro professione?
insegnante, rappresentante, medico, grafico, cameriere.

Descrivi una famiglia che conosci.
È composta da padre, madre e due bambini di 8 e 3 anni.

Racconta che cosa fa la gente della tua zona durante il week-end.
Normalmente si esce la sera fino a tardi e d'estate si va al lago.

Descrivi il carattere di una persona simpatica/antipatica.
È una collega: è noiosa e arrogante.

Quali sono le abitudini alimentari nel tuo paese/nella tua zona?
Da noi si mangia molta frutta e verdura ma poca carne.

Che cosa è di moda attualmente?
Adesso è di moda tingersi i capelli e portare maglie strette e corte con gonne lunghe.

Pensa a due persone che hai incontrato oggi. Descrivile.
Ho incontrato una ragazza alta e bionda ed un uomo anziano, grasso e con i capelli grigi.

Confronta le persone della tua regione con altri connazionali.
Da noi la gente è più ... e meno ... che in altre parti del mio paese ...

Mazzo 4 : Personaggi famosi
(vedi le carte)

Mazzo 1 - Dati personali

Presentati a qualcuno.	Quali sono i tuoi colori preferiti?	Di' il tuo nome, il tuo indirizzo e il tuo numero di telefono.
Parla dei tuoi hobby.	Nomina tre cose che sai far bene.	Nomina tre città che ti piacciono.
Parla della tua infanzia.	Che cosa fai quando ti senti depresso?	Di' che cosa è più importante nella vita per te.

Mazzo 2 - Famiglia e amici

Descrivi un membro della tua famiglia.	Nomina 5 oggetti che si trovano nel salotto di un tuo amico.	Spiega come si arriva a casa di un tuo amico.
Pensa a tre amici. Con chi dividono il loro appartamento?	Pensa alla tua maestra elementare. Com'era?	Descrivi una persona alla quale ti senti molto vicino.
Pensa a due amici. Quali sono i loro hobby?	Parla di una persona che secondo te ha una vita interessante.	Pensa ad un tuo familiare o amico e immagina che cosa sta facendo in questo momento.

Gioco delle persone – Mazzi 1 e 2

Mazzo 3 - Altra gente

Nomina tre parole che indicano lo stato civile di una persona.

Pensa a 5 persone che conosci. Qual è la loro professione?

Descrivi una famiglia che conosci.

Racconta che cosa fa la gente della tua zona durante il week-end.

Descrivi il carattere di una persona simpatica/antipatica.

Quali sono le abitudini alimentari nel tuo paese/ nella tua zona?

Che cosa è di moda attualmente?

Pensa a due persone che hai incontrato oggi. Descrivile.

Confronta le persone della tua regione con altri connazionali.

Mazzo 4 - Personaggi famosi

Descrivi un capo di Stato. Gli altri indovinano chi è.

Descrivi un uomo politico. Gli altri indovinano chi è.

Descrivi un personaggio storico. Gli altri indovinano chi è.

Parla di un pittore moderno. Gli altri indovinano chi è.

Parla di un musicista famoso. Gli altri indovinano chi è.

Descrivi un attore di cinema. Gli altri indovinano chi è.

Descrivi un famoso attore di teatro. Gli altri indovinano chi è.

Parla di uno scrittore italiano. Gli altri indovinano chi è.

Descrivi un cantante d'opera famoso. Gli altri indovinano chi è.

Gioco delle persone – Mazzi 3 e 4

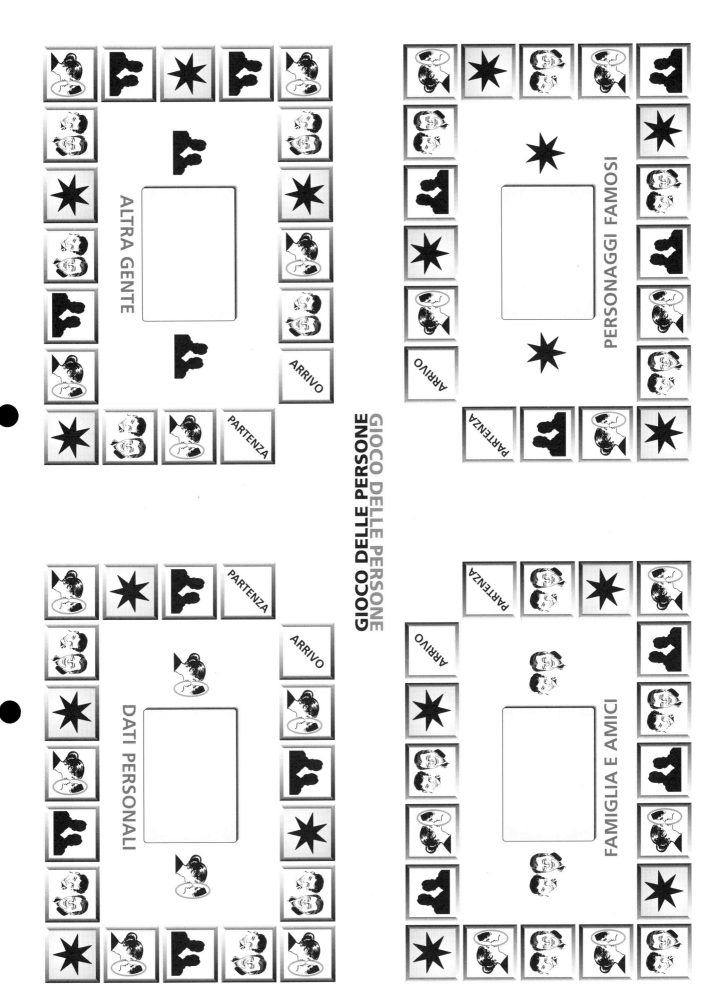

GIOCO DELLE PERSONE

Gioco delle persone – Tabellone

18. Gioco dei suffissi

LIVELLO: da $***$ a $****$

OBIETTIVI DIDATTICI:

Formazione delle parole: sostantivi con suffissi

PREPARAZIONE:

Per ogni gruppo di 2 o 4 studenti (= 2 squadre) vi occorrono:
- un mazzo di carte (che trovate a pag. 89);
- una copia formato A3 del tabellone di pag. 90.

SUGGERIMENTI:

I giocatori dovrebbero conoscere almeno una parte dei sostantivi presenti nel gioco e costruire per tentativi quelli che ancora non sono loro noti. In questo modo gli studenti potranno ampliare le proprie conoscenze lessicali.

REGOLE DEL GIOCO:

Organizzazione del gioco: dividete gli studenti in gruppi di 2 o 4 persone (= 2 squadre avversarie). Date a ogni gruppo un tabellone e un mazzo di carte; una squadra avrà le carte grigie, l'altra quelle nere.
Mescolate le carte e mettetele sul tavolo in due mazzi separati e capovolti. A questo punto le due squadre prendono a turno la prima carta del proprio mazzo e la sistemano in una casella adatta del tabellone, cioè su una casella che consenta la formazione di un sostantivo corretto, ad esempio:

felic	senti
ità	mento

Obiettivo del gioco: durante il gioco ciascuna squadra cerca di disporre le carte del proprio colore (grigio o nero) in modo da formare file continue. Le squadre possono formare file di carte in ogni direzione (verticale, orizzontale o diagonale) (vedi illustrazione). Contemporaneamente devono impedire alla squadra avversaria di formare le proprie file. Chi riesce a formare file continue di carte del proprio colore, composte da tre o più carte, ottiene il seguente punteggio:

fila di 3 carte:	1 punto
fila di 4 carte:	2 punti
fila di 5 carte:	3 punti
fila di 6 carte:	4 punti

Le carte possono far parte contemporaneamente di più file, che vanno in direzioni diverse. Vince la squadra che ottiene più punti una volta che sono state sistemate tutte le 36 carte.

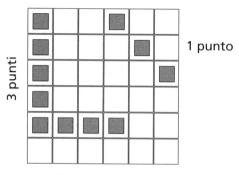

Svolgimento del gioco: le squadre mettono a turno la prima carta del loro mazzo su una casella adeguata. Chi mette la carta sulla casella sbagliata, deve toglierla e cedere il turno alla squadra avversaria. All'inizio del gioco, quando le carte sistemate sono ancora poche, ci sono sempre diverse possibilità per disporre le proprie carte, ma durante il gioco, le possibilità diminuiscono, e riuscire a formare sequenze di carte si fa sempre più difficile.

SUGGERIMENTI:

Alla fine del gioco vi consigliamo di ricontrollare tutte le soluzioni insieme ai giocatori. Un gruppo di studenti, ad esempio, potrebbe leggere ad alta voce o scrivere alla lavagna le soluzioni, cioè i sostantivi completi.

SOLUZIONI:

1ª riga: felic**ità**, insegna**mento**, alt**ezza**, dipend**enza**, allegr**ia**, rea**zione**

2ª riga: prenota**zione**, bell**ezza**, cortes**ia**, parla**mento**, appar**enza**, attual**ità**

3ª riga: part**enza**, inquina**mento**, educa**zione**, capac**ità**, senti**mento**, lungh**ezza**

4ª riga: malatt**ia**, emigra**zione**, pot**enza**, conversa**zione**, gelos**ia**, trist**ezza**

5ª riga: ricch**ezza**, attiv**ità**, paga**mento**, pazz**ia**, preced**enza**, foll**ia**

6ª riga: resist**enza**, tradu**zione**, possibil**ità**, cert**ezza**, ver**ità**, movi**mento**

enza	zione	mento	ità	ezza	ia
enza	zione	mento	ità	ezza	ia
enza	zione	mento	ità	ezza	ia
enza	zione	mento	ità	ezza	ia
enza	zione	mento	ità	ezza	ia
enza	zione	mento	ità	ezza	ia

Gioco dei suffissi – Carte

© Ernst Klett Verlag GmbH, Stoccarda 2000 e Bonacci editore, Roma 2001

felic	insegna	alt	dipend	allegr	rea
prenota	bell	cortes	parla	appar	attual
part	inquina	educa	capac	senti	lungh
malatt	emigra	pot	conversa	gelos	trist
ricch	attiv	paga	pazz	preced	foll
resist	tradu	possibil	cert	ver	movi

GIOCO DEI SUFFISSI ISSIFFUS IED OƆOIƆ GIOCO DEI SUFFISSI

Gioco dei suffissi – Tabellone

19. La fabbrica delle parole

LIVELLO: da *** a ****

OBIETTIVI DIDATTICI:

Lessico: verbi, sostantivi e aggettivi della stessa famiglia

PREPARAZIONE:

Per ogni gruppo di massimo 4 studenti vi occorrono:
- alcune schede (che trovate a pag. 92-95), una per ogni giocatore;
- una copia formato A3 del tabellone di pag. 96;
- un dado;
- un foglio e una matita per annotare i punti;
- un segnalino.

REGOLE DEL GIOCO:

Organizzazione del gioco: dividete gli studenti in gruppi di 4 persone. Date a ogni gruppo un tabellone, un dado, un foglio con una matita, un segnalino e un numero adeguato di schede. Ogni giocatore riceve una scheda differente, che gli serve per interrogare gli altri giocatori e per controllare le loro risposte (le soluzioni sono nella colonna di destra).
Fate disporre i partecipanti intorno al tabellone. Spiegate il gioco facendo una o due mosse dimostrative e lasciando rispondere gli studenti. Stabilite un tempo massimo (a vostra scelta da 15 a 60 minuti)

Obiettivo del gioco: vince il giocatore che, allo scadere del tempo stabilito, ha raggiunto il punteggio più alto.

Svolgimento del gioco: i nomi dei giocatori vengono scritti su un foglio, dove si prende nota del punteggio ottenuto dopo ogni mossa. Il segnalino viene messo su una delle caselle d'angolo del tabellone (che hanno un cerchio grigio).
Quindi i giocatori tirano il dado a turno e muovono il segnalino nella direzione indicata dalle frecce.

I numeri sulle caselle indicano il punteggio che il giocatore ottiene se risponde correttamente. Sulle caselle sono riportate le iniziali di tre categorie grammaticali:

V = Verbo
N = Nome
A = Aggettivo

Dopo ogni mossa il giocatore di turno viene interrogato da un compagno. A tale scopo ciascun giocatore riceve all'inizio del gioco una scheda con tre gruppi di parole (Verbi, Aggettivi e Nomi). Se, ad esempio, un giocatore arriva su una casella **N**, deve formare un sostantivo. Un compagno di gioco da lui scelto legge una parola fra quelle raccolte nel gruppo "➜ **Nomi**" nella colonna di sinistra della propria scheda, ad esempio *nascere*. Il giocatore interrogato deve, quindi, formare il sostantivo corrispondente, in questo caso *la nascita*. Chi ha posto la domanda controlla la soluzione, servendosi della colonna di destra della propria scheda. Se il sostantivo è corretto, al giocatore di turno viene attribuito il punteggio indicato sulla casella; altrimenti chi lo ha interrogato dà la risposta esatta e il giocatore di turno non ottiene alcun punto. Se è possibile, bisognerebbe farsi interrogare ogni volta da un compagno di gioco diverso.
Chi arriva sul cerchio grigio della casella d'angolo, è sfortunato: non deve rispondere ad alcuna domanda, ma non può neanche guadagnare punti. Il turno passa al giocatore successivo.

SUGGERIMENTI:

Grazie a questo gioco gli studenti acquisiscono maggiore consapevolezza della parentela fra le parole, oltre ad esercitare e ampliare autonomamente il proprio lessico. Far preparare i fogli di lavoro agli studenti stessi potrebbe rivelarsi un istruttivo esercizio preparatorio a "La fabbrica delle parole".

VERBI

sicuro	→	assicurare
vicino	→	avvicinare
caldo	→	scaldare/riscaldare
il braccio	→	abbracciare
il prodotto	→	produrre
la neve	→	nevicare
la parte	→	partecipare
lo sbaglio	→	sbagliare
il viaggio	→	viaggiare
l'espressione	→	esprimere

NOMI

malato	→	la malattia
felice	→	la felicità
allegro	→	l'allegria
vero	→	la verità
partire	→	la partenza
volere	→	la volontà
vedere	→	la vista
nascere	→	la nascita
muovere	→	il movimento
pensare	→	il pensiero

AGGETTIVI

annoiarsi	→	noioso
il sale	→	salato
la natura	→	naturale
l'Austria	→	austriaco
il mese	→	mensile
l'attenzione	→	attento
la fede	→	fedele
lo sport	→	sportivo
il silenzio	→	silenzioso
la settimana	→	settimanale

La fabbrica delle parole – Scheda 1

VERBI

utile	→	*utilizzare*
vecchio	→	*invecchiare*
magro	→	*dimagrire*
il bacio	→	*baciare*
la cena	→	*cenare*
la scoperta	→	*scoprire*
la traduzione	→	*tradurre*
il nome	→	*nominare*
il ricordo	→	*ricordare*
l'immagine	→	*immaginare*

NOMI

nuovo	→	*la novità*
certo	→	*la certezza*
bello	→	*la bellezza*
giusto	→	*la giustizia*
rispondere	→	*la risposta*
ferire	→	*la ferita*
finire	→	*la fine*
aiutare	→	*l'aiuto*
domandare	→	*la domanda*
desiderare	→	*il desiderio*

AGGETTIVI

divertirsi	→	*divertente*
la colpa	→	*colpevole*
la storia	→	*storico*
il popolo	→	*popolare*
il mondo	→	*mondiale*
il teatro	→	*teatrale*
la notte	→	*notturno*
la scienza	→	*scientifico*
l'Inghilterra	→	*inglese*
lo Stato	→	*statale*

La fabbrica delle parole – Scheda 2

VERBI

grasso	→	*ingrassare*
contento	→	*accontentare / -arsi*
vivo	→	*vivere*
la cucina	→	*cucinare*
il dubbio	→	*dubitare*
la sofferenza	→	*soffrire*
la protezione	→	*proteggere*
il compagno	→	*accompagnare*
il gioco	→	*giocare*
la lettura	→	*leggere*

NOMI

ricco	→	*la ricchezza*
triste	→	*la tristezza*
libero	→	*la libertà*
difficile	→	*la difficoltà*
servire	→	*il servizio*
invitare	→	*l'invito*
preparare	→	*la preparazione*
fuggire	→	*la fuga*
piovere	→	*la pioggia*
vendere	→	*la vendita*

AGGETTIVI

piacere	→	*piacevole*
aprire	→	*aperto*
la Spagna	→	*spagnolo*
la famiglia	→	*familiare*
l'estate	→	*estivo*
la città	→	*cittadino*
il commercio	→	*commerciale*
il centro	→	*centrale*
il coraggio	→	*coraggioso*
la metà	→	*mezzo*

© Ernst Klett Verlag GmbH, Stoccarda 2000 e Bonacci editore, Roma 2001

VERBI

chiuso	→	*chiudere*
stanco	→	*stancare / -arsi*
migliore	→	*migliorare*
la spesa	→	*spendere*
la discussione	→	*discutere*
il vestito	→	*vestire / -irsi*
il consiglio	→	*consigliare*
il permesso	→	*permettere*
la morte	→	*morire*
la firma	→	*firmare*

NOMI

giovane	→	*la gioventù*
abituato	→	*l'abitudine*
responsabile	→	*la responsabilità*
forte	→	*la forza*
sperare	→	*la speranza*
sentire	→	*il sentimento*
rinunciare	→	*la rinuncia*
sognare	→	*il sogno*
ricordare	→	*il ricordo*
mancare	→	*la mancanza*

AGGETTIVI

pesare	→	*pesante*
il numero	→	*numeroso*
la Francia	→	*francese*
il pericolo	→	*pericoloso*
la strada	→	*stradale*
la società	→	*sociale*
l'arte	→	*artistico*
il mobile	→	*ammobiliato*
il problema	→	*problematico*
la nazione	→	*nazionale*

La fabbrica delle parole – Scheda 4

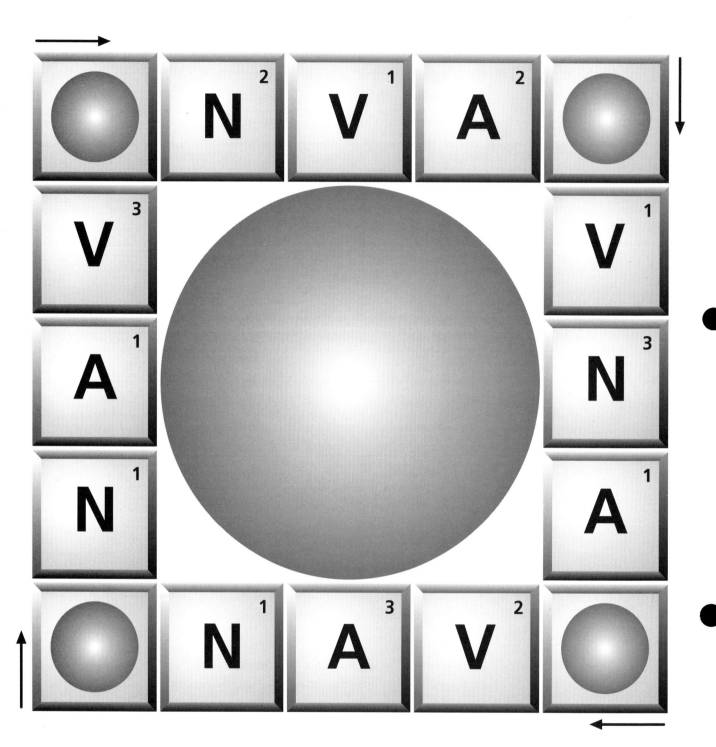

LA FABBRICA DELLE PAROLE

La fabbrica delle parole – Tabellone

20. Gioco del tempo libero

LIVELLO: da ✳✳✳ a ✳✳✳✳

OBIETTIVI DIDATTICI:

Intenzioni comunicative:
Esprimere le proprie opinioni
Parlare delle proprie esperienze

Temi:
Sport e attività nel tempo libero

PREPARAZIONE:

Per questo gioco sono necessari due mazzi di carte: le carte del *Dolce far niente* e le carte dello Sport. Date un'occhiata alle carte di pag. 98 e 99 e alle indicazioni in esse contenute, decidete poi se volete utilizzarle, o se preferite compilare in base ai vostri obiettivi didattici le carte in bianco che si trovano a pag. 109.

Per ogni gruppo di 4-6 studenti vi occorrono:
- i due mazzi di carte di pag. 98 e 99 (o i mazzi che avrete preparato);
- una copia formato A3 del tabellone di pag. 100;
- un dado;
- due segnalini (cioè uno per ciascuna squadra).

REGOLE DEL GIOCO:

Organizzazione del gioco: dividete gli studenti in gruppi di 4-6 persone. Date a ogni gruppo un tabellone, un dado, due segnalini, un mazzo di carte del *Dolce far niente* e un mazzo di carte dello Sport. Ogni gruppo si divide in due squadre. Fate disporre i partecipanti intorno al tavolo da gioco e mettete sul tabellone entrambi i mazzi di carte capovolti. Spiegate il gioco facendo una o due mosse dimostrative e lasciando rispondere gli studenti.

Obiettivo del gioco: vince la squadra che ritorna per prima alla casella di partenza. Potete anche fissare un tempo limite, in questo caso vince la squadra che, nel lasso di tempo stabilito, si avvicina di più al traguardo.

Svolgimento del gioco: le squadre mettono i loro segnalini sulla casella PARTENZA e ARRIVO, ognuna su una diversa corsia. La squadra che, tirando il dado, ottiene il punteggio più alto dà inizio al gioco. Le squadre lanciano il dado a turno e muovono i segnalini sul tabellone in senso antiorario. Chi capita su una casella con la sedia a sdraio, prende una carta del *Dolce far niente* dal mazzo e svolge il compito in essa indicato. Se invece si arriva su una casella con il fischietto, si prende una carta dello Sport e si risponde alle richieste. Se la squadra avversaria accetta la risposta, il gioco può continuare, in caso contrario la squadra di turno deve tornare sulla casella che occupava in precedenza.
Chi capita su una casella bianca, deve ritornare sulla casella da cui è partito ma può tirare subito il dado un'altra volta.

POSSIBILI SOLUZIONI:

Carte *Dolce far niente*
Descrivi la tua domenica ideale.
La mattina mi alzo molto tardi. Poi metto un po' di musica e faccio colazione sulla terrazza. Poi ...

Carte Sport
Lo sport fa bene alla salute? Di' il tuo parere.
Sì e no. Fare un po' di movimento fa sicuramente bene al corpo ma bisogna stare attenti a non esagerare. Ci sono anche delle malattie causate da una eccessiva attività sportiva.

Parla di uno sport che
pratichi.

Parla di uno sport che ti
piacerebbe praticare.

Parla dei lati negativi
dello sport.

Esprimi il tuo parere sui
Giochi olimpici.

Parla dei lati positivi
dello sport.

Sport e moda.
Che cosa ne pensi?

Che tipo di sport,
secondo te, andrebbe
proibito?

Nomina uno sport che si
pratica molto nel
tuo paese.

Nomina tre tipi di sport
che si possono praticare
durante l'inverno.

Nomina uno sport che si
pratica poco
nel tuo paese.

Passi un week-end al
lago. Quali attività
sportive puoi praticare?

Descrivi le regole di uno sport.
Gli altri indovinano
di quale sport parli.

Quali sport sono
particolarmente
pericolosi?

Quali sport sono
piuttosto costosi?

Lo sport fa bene alla
salute?
Di' il tuo parere.

I bambini e lo sport.
Tu, che cosa ne pensi?

Lo sport è anche un affare.
Spiega perché.

Quali tipi di sport possono
danneggiare la natura?

Gioco del tempo libero – Carte Sport

Descrivi la tua domenica ideale.

Immagina di trascorrere una giornata nella natura. Di' dove andresti e che cosa faresti.

È domenica. Purtroppo il tempo non è molto bello: piove. Come passi la tua giornata?

Trascorrere un bel week-end da solo. Ti sembra una possibilità attuabile? Di' perché sì o perché no.

Che cos'è per te il dolce far niente?

Immagina di avere improvvisamente un pomeriggio libero, con chi lo vorresti trascorrere?

Durante il tempo libero vuoi svolgere un'attività di volontariato. Che cosa potresti fare?

Telefonare per te è un passatempo? Quanto tempo trascorri al telefono con gli amici?

Nel tempo libero studi l'italiano. Perché?

A quali attività culturali dedichi parte del tuo tempo libero?

Qualcuno ti dice che quando non lavora si annoia. Che cosa gli consigli?

Cinema o televisione. Che cosa preferisci?

Che cosa ti piace fare nel tempo libero?

Televisione e famiglia. Esprimi il tuo parere.

Teatro o cinema. Che cosa preferisci? Di' perché.

Parla di un libro che hai letto recentemente.

Qual è il più bel film che tu abbia mai visto?

Come si può trascorrere il tempo libero senza spendere troppo?

Gioco del tempo libero – Carte *Dolce far niente*

© Ernst Klett Verlag GmbH, Stoccarda 2000 e Bonacci editore, Roma 2001

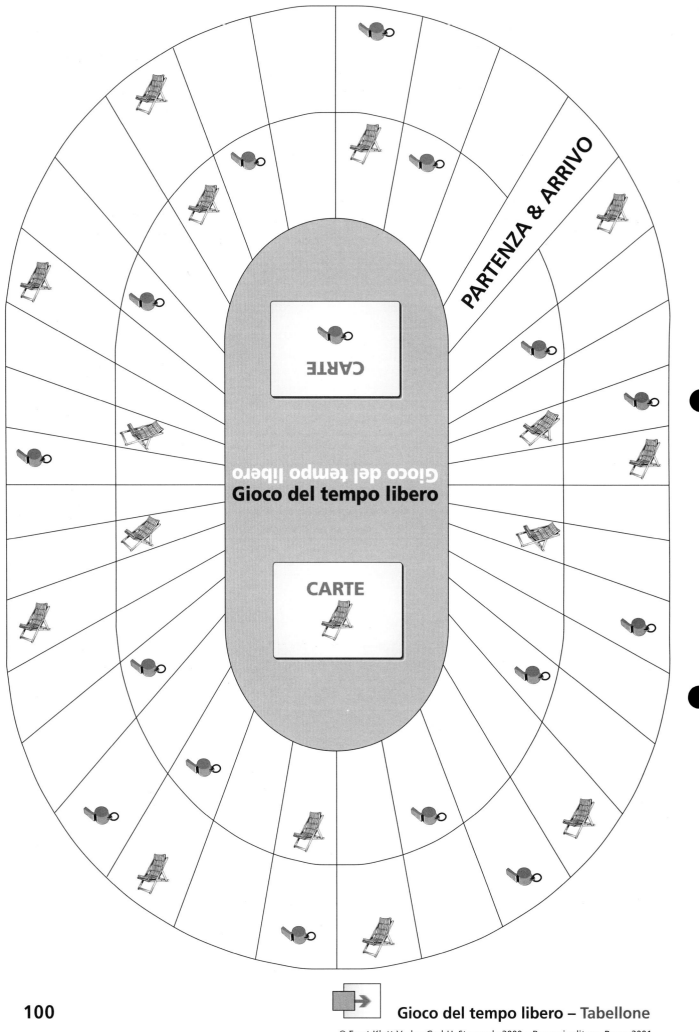

PARTENZA & ARRIVO

CARTE

Gioco del tempo libero

Gioco del tempo libero – Tabellone

© Ernst Klett Verlag GmbH, Stoccarda 2000 e Bonacci editore, Roma 2001

21. Gioco del telefono

LIVELLO: da ✳✳✳ a ✳✳✳✳

OBIETTIVI DIDATTICI:

Tenere una conversazione telefonica
e passare una telefonata
Procurarsi e verificare informazioni
Chiedere di parlare con la persona desiderata
Lasciare e riferire messaggi
Lasciare messaggi sulla segreteria telefonica

PREPARAZIONE:

Date un'occhiata alle consegne date sul tabellone
(pag. 104) e sulle carte (pag. 103). Per completare
il mazzo compilate le carte in bianco a pag.103,
tenendo conto delle esigenze specifiche del vostro
gruppo di studenti.
Per ogni gruppo di 4-6 persone vi occorrono:
- un mazzo di carte (che trovate a pag. 103);
- una copia formato A3 del tabellone di pag. 104;
- un dado;
- un segnalino per ogni studente.

REGOLE DEL GIOCO:

Organizzazione del gioco: dividete gli studenti in
gruppi di 4-6 persone. Date a ogni gruppo un
tabellone, un dado, un numero adeguato di segnalini
e un mazzo di carte.
Fate disporre i partecipanti intorno al tavolo di gioco
e mettete sul tabellone il mazzo di carte capovolto.
Spiegate il gioco facendo una o due mosse
dimostrative e lasciando rispondere gli studenti.
(Alcuni esempi sono riportati più avanti nel paragrafo
POSSIBILI SOLUZIONI).

Obiettivo del gioco: vince il giocatore che
raggiunge per primo l'ARRIVO. Potete anche fissare
un tempo limite, in questo caso vince il giocatore
che, nel lasso di tempo stabilito, si avvicina di più al
traguardo.

Svolgimento del gioco: i giocatori mettono i loro
segnalini sulla PARTENZA. Poi lanciano il dado e chi
ottiene il punteggio più alto, dà inizio al gioco. I
giocatori tirano il dado a turno e muovono i segnalini
seguendo il percorso indicato sul tabellone. Chi
arriva su una casella scritta, legge la consegna ad
alta voce e risponde di conseguenza. Se gli altri
giocatori accettano la risposta, il gioco prosegue; in
caso contrario, il giocatore deve ritornare alla casella
che occupava in precedenza.
Chi arriva su una casella con l'immagine del telefono,
prende la prima carta del mazzo, legge ad alta voce

la descrizione della situazione e reagisce di
conseguenza. Anche in questo caso gli altri giocatori
decidono se la risposta è valida.

POSSIBILI SOLUZIONI:

Consegne date sul tabellone:

1. Chiedi di qualcuno al telefono.
   *Pronto. Buongiorno. Sono... Potrei parlare con...,
   per favore?*

2. Rispondi al telefono.
   Pronto?

3. Dai a qualcuno un numero di telefono.
   Il numero è: ...

4. Non hai capito bene il nome del tuo interlocutore.
   Mi può ripetere il Suo nome?

5. Spiega il motivo della tua telefonata.
   *Volevo discutere con X di una questione di
   lavoro.*

6. Presentati al telefono.
   Buongiorno, sono Marco Bruni...

7. Verifica se hai capito bene il luogo e l'ora
   dell'appuntamento.
   *Allora, ci vediamo alle 20.00 davanti al cinema
   Ariston.*

8. Chiedi a qualcuno di richiamare più tardi.
   Può richiamare più tardi?

9. La persona richiesta parla sull'altra linea.
   Che cosa dici alla persona che ti cerca?
   *La sig.ra Rossi sta parlando sull'altra linea.
   La faccio richiamare più tardi.*

10. Chiedi al tuo interlocutore di aspettare un
    momento al telefono.
    Attenda un attimo in linea, prego.

11. Vai fuori città. Di' come e dove sarai
    raggiungibile.
    *Sarò reperibile sul mio cellulare.
    Il numero è: ...*

12. La persona che cerchi è in pausa. Di' che
    richiamerai più tardi.
    Allora ritelefonerò più tardi.

13. Lascia un messaggio sulla segreteria telefonica
    di una ditta.
    *Buongiorno. Sono ... Volevo parlare col direttore
    commerciale riguardo a ...*

14. Qualcuno vuol parlare col tuo capo. Cerca di sapere perché.
Di che cosa si tratta?

15. Qualcuno ti telefona senza dire il suo nome. Chiediglielo.
Mi può dire il Suo nome, per cortesia?

16. Qualcuno vuole parlare con un tuo collega. Che cosa dici?
Aspetti che glielo passo.

17. La persona che cerchi non è a casa/in ufficio. Chiedi di essere richiamato al suo ritorno.
Mi può far richiamare quando rientra?

18. Qualcuno vuole parlare con un tuo collega di un altro reparto. Cerchi di passargli la telefonata, ma il collega non risponde. Che cosa dici?
Mi dispiace, il mio collega non risponde. Provi più tardi. Le do il suo numero diretto.

19. Chiedi al tuo interlocutore di darti il suo numero di telefono.
Mi lascia il Suo numero di telefono?

20. Scusati per aver causato un malinteso.
Mi dispiace, mi sono spiegato male.

21. Se qualcuno al telefono ti ringrazia per la tua gentilezza, che cosa rispondi?
Si figuri.

22. Tranquilizza un cliente arrabbiato al telefono.
Stia tranquillo, me ne occupo io. Vedrà che il problema sarà risolto al più presto.

23. Non sei contento del servizio di una ditta. Telefona per protestare.
Telefono perché non ho ancora ricevuto ...

24. Ti sei trasferito in Italia. Che messaggio registri sulla tua segreteria telefonica?
Questa è la segreteria telefonica di X. In questo momento non sono in casa. Lasciate un messaggio dopo il segnale acustico.

25. Lascia sulla segreteria telefonica di un amico le coordinate per un appuntamento.
Ciao Marco, sono Flavia, l'appuntamento è per domani alle 21.00 davanti al bar Silvi.

26. La tua scheda telefonica si sta esaurendo. Che cosa dici al tuo interlocutore?
Mi dispiace, devo riattaccare, la scheda sta finendo.

Consegne date sulle carte

La linea è un po' disturbata. Non senti bene. Che cosa dici?
Scusi, non capisco bene, la linea è disturbata. La richiamo.

Componi un numero e risponde una persona sconosciuta.
Mi scusi, ho sbagliato numero.

Il tuo interlocutore parla troppo velocemente.
Può parlare più lentamente, per favore?

La linea cade durante la conversazione. Richiama e spiega cos'è successo.
Sono sempre il sig. X. Prima è caduta la linea.

Il tuo interlocutore parla troppo piano, lo senti appena.
Potrebbe parlare più forte, per cortesia? Non La sento bene.

Il tuo interlocutore ti chiede una cosa che devi accertare.
Mi dispiace, non lo so. Mi informo e poi La richiamo.

Non sei riuscito a prendere nota del numero di telefono che il tuo interlocutore ti ha dato.
Mi ripete il numero, per favore?

Un cliente ti telefona dicendo che ha un problema. Come reagisci?
Mi dica. – Le posso essere utile?

La linea è un po' disturbata.
Non senti bene.
Che cosa dici?

Componi un numero e
risponde una persona
sconosciuta.

Il tuo interlocutore parla
troppo velocemente.

La linea cade durante la
conversazione. Richiama
e spiega cos'è successo.

Il tuo interlocutore parla
troppo piano, lo senti
appena.

Il tuo interlocutore ti
chiede una cosa che
devi accertare.

Non sei riuscito a prendere
nota del numero di telefono
che il tuo interlocutore
ti ha dato.

Un cliente ti telefona dicendo che ha un problema.
Come reagisci?

Gioco del telefono – Carte

© Ernst Klett Verlag GmbH, Stoccarda 2000 e Bonacci editore, Roma 2001

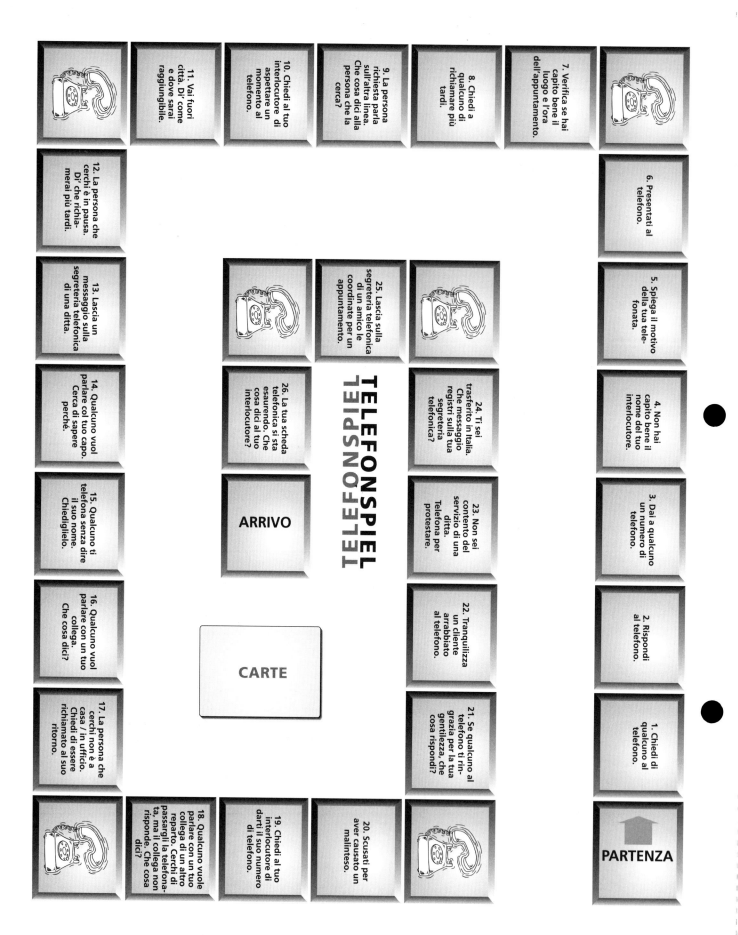

TELEFONSPIEL

ARRIVO

CARTE

PARTENZA

1. Chiedi di qualcuno al telefono.

2. Rispondi al telefono.

3. Dai a qualcuno un numero di telefono.

4. Non hai capito bene il nome del tuo interlocutore.

5. Spiega il motivo della tua telefonata.

6. Presentati al telefono.

7. Verifica se hai capito bene il luogo e l'ora dell'appuntamento.

8. Chiedi a qualcuno di richiamare più tardi.

9. La persona richiesta parla sull'altra linea. Che cosa dici alla persona che la cerca?

10. Chiedi al tuo interlocutore di aspettare un momento al telefono.

11. Vai fuori città. Di' come e dove sarai raggiungibile.

12. La persona che cerchi è in pausa. Di' che richiamerai più tardi.

13. Lascia un messaggio sulla segreteria telefonica di una ditta.

14. Qualcuno vuol parlare col tuo capo. Cerca di sapere perché.

15. Qualcuno ti telefona senza dire il suo nome. Chiediglielo.

16. Qualcuno vuol parlare con un tuo collega. Che cosa dici?

17. La persona che cerchi non è a casa / in ufficio. Chiedi di essere richiamato al suo ritorno.

18. Qualcuno vuole parlare con un tuo collega di un altro reparto. Cerchi di passargli la telefonata, ma il collega non risponde. Che cosa dici?

19. Chiedi al tuo interlocutore di darti il suo numero di telefono.

20. Scusati per aver causato un malinteso.

21. Se qualcuno al telefono ti ringrazia per la tua gentilezza, che cosa rispondi?

22. Tranquillizza un cliente arrabbiato al telefono.

23. Non sei contento del servizio di una ditta. Telefona per protestare.

24. Ti sei trasferito in Italia. Che messaggio registri sulla tua segreteria telefonica?

25. Lascia sulla segreteria telefonica di un amico le coordinate per un appuntamento.

26. La tua scheda telefonica si sta esaurendo. Che cosa dici al tuo interlocutore?

Gioco del telefono – Tabellone

© Ernst Klett Verlag GmbH, Stoccarda 2000 e Bonacci editore, Roma 2001

22. Gioco delle relazioni di lavoro

LIVELLO: da ✳✳✳ a ✳✳✳✳

OBIETTIVI DIDATTICI:

Conversazioni in ambiente professionale in Italia e nel proprio Paese.

PREPARAZIONE:

Per ogni gruppo di 4-6 studenti vi occorrono:
- una copia formato A3 del tabellone di pag. 107;
- un dado;
- un segnalino per ogni studente.

REGOLE DEL GIOCO:

Organizzazione del gioco: dividete gli studenti in gruppi di 4-6 persone. Date a ogni gruppo un tabellone, un dado e un numero adeguato di segnalini.
Fate disporre i partecipanti intorno al tabellone. Spiegate il gioco facendo una o due mosse dimostrative e lasciando rispondere gli studenti. (Alcuni esempi sono riportati più avanti nel paragrafo POSSIBILI SOLUZIONI).

Obiettivo del gioco: vince il giocatore che raggiunge per primo l'ARRIVO. Potete anche fissare un tempo limite, in questo caso vince chi, nel lasso di tempo stabilito, si avvicina di più al traguardo.

Svolgimento del gioco: i giocatori mettono i loro segnalini sulla PARTENZA. Poi lanciano il dado e chi ottiene il punteggio più alto dà inizio al gioco. I giocatori tirano il dado a turno e muovono i segnalini seguendo il percorso indicato sul tabellone. Quando arrivano su una casella, ne leggono il contenuto ad alta voce e rispondono di conseguenza, eventualmente con l'aiuto di un interlocutore scelto all'interno del gruppo. Se gli altri giocatori accettano la risposta, il gioco prosegue; in caso contrario il giocatore di turno deve ritornare alla casella che occupava in precedenza.

POSSIBILI SOLUZIONI:

1. Accetta l'invito a pranzo di un collega italiano.
   Grazie, accetto molto volentieri il Suo invito.

2. Invita un socio d'affari a una cena.
   Se non ha già impegni stasera, La invito a cena.

3. Spiega al tuo collega quali mezzi pubblici ci sono nella tua città.
   Puoi prendere l'autobus o la metropolitana.

4. Purtroppo non puoi accettare un invito a pranzo. Che cosa dici?
   Mi dispiace, oggi a pranzo ho già un altro impegno.

5. Non ti trovi bene nel tuo albergo. Di che cosa ti lamenti?
   Non c'è acqua calda e il riscaldamento non funziona.

6. Descrivi un pasto tipico della tua regione a un cliente italiano in visita.
   Le «Maultaschen» sono un tipo di ravioli. Sono fatte con ...

7. Un cliente italiano in visita nel tuo paese cerca qualcosa per la moglie e i figli. Che cosa gli proponi?
   Potrebbe regalare qualche specialità gastronomica della regione.

8. Arrivi in ufficio la mattina. Saluta un collega italiano.
   Buongiorno!

9. Presenta i tuoi colleghi a un socio d'affari italiano.
   Questi sono i miei colleghi, il sig. ... e la sig.ra ...

10. Presentati davanti a un gruppo internazionale.
    Mi chiamo X e sono il responsabile marketing della ...

11. Dai il benvenuto ad un gruppo di italiani che vengono in visita nel tuo paese.
    Ben arrivati! Avete fatto buon viaggio?

12. Parla della tua giornata di lavoro.
    Ho sempre molto da fare: curo i contatti telefonici con i clienti, mi occupo della contabilità ...

13. Descrivi all'autista della ditta la persona che deve andare a prendere all'aeroporto.
    È una signora di circa 40 anni, bionda, elegante ...

14. Il tuo ospite italiano non si sente bene. Che cosa proponi?
    La riaccompagno in albergo, così si riposa un po'. Se vuole, possiamo anche chiamare il medico.

15. Suggerisci al tuo ospite come passare una piacevole serata nella tua città.
    Le consiglio di cenare in quel bel ristorante lì all'angolo e poi di fare una passeggiata per il centro.

16. Il tuo socio chiede il conto, ma tu vorresti offrirgli il pranzo.
    Lascia stare, faccio io.

17. Sei in riunione, ma improvvisamente non ti senti bene. Che cosa dici?
Purtroppo mi devo assentare, non mi sento bene.

18. Il tuo ospite italiano ha perso il portafoglio. Che cosa gli consigli di fare?
Deve fare la denuncia e andare all'ufficio oggetti smarriti.

19. Proponi al tuo ospite italiano di visitare un monumento della tua città. Spiegagli come ci arriva.
È facilissimo: prendi il viale principale che parte dalla stazione, poi ...

20. Spiega ad un collega italiano l'orario di lavoro nella tua ditta.
Si lavora 7 ore al giorno: dalle 8.30 alle 16.30 con un' ora di pausa per il pranzo.

21. Il tuo ospite sta per partire. Digli di salutare un'altra persona da parte tua.
Saluta Paolo da parte mia.

22. Ad un congresso internazionale incontri un italiano che ti sembra di aver già visto altrove. Cerca di ricordare in quale occasione.
Noi ci conosciamo? Mi sembra di averLa già vista da qualche parte.

23. Prima di partire saluti i tuoi colleghi italiani e li inviti a venirti a trovare nel tuo paese.
Venite a trovarmi in Spagna, vi aspetto.

24. Spiega un'usanza locale al tuo collega italiano.
La Renania è famosa per il carnevale ...

Gioco delle relazioni di lavoro

Gioco delle relazioni di lavoro

11. Dai il benvenuto ad un gruppo di italiani che vengono in visita nel tuo paese.

10. Presentati davanti a un gruppo internazionale.

9. Presenta i tuoi colleghi a un socio d'affari italiano.

8. Arrivi in ufficio la mattina. Saluta un collega italiano.

7. Un cliente italiano in visita nel tuo paese cerca qualcosa per la moglie e i figli. Che cosa gli proponi?

6. Descrivi un pasto tipico della tua regione a un cliente italiano in visita.

12. Parla della tua giornata di lavoro.

5. Non ti trovi bene nel tuo albergo. Di che cosa ti lamenti?

13. Descrivi all'autista della ditta la persona che deve andare a prendere all'aeroporto.

ARRIVO

24. Spiega un'usanza locale al tuo collega italiano.

4. Purtroppo non puoi accettare un invito a pranzo. Che cosa dici?

14. Il tuo ospite italiano non si sente bene. Che cosa proponi?

23. Prima di partire saluti i tuoi colleghi italiani e li inviti a venirti a trovare nel tuo paese.

3. Spiega quali mezzi pubblici ci sono nella tua città.

CARTE

15. Suggerisci al tuo ospite come passare una piacevole serata nella tua città.

22. Ad un congresso internazionale incontri un italiano che ti sembra di aver già visto altrove. Cerca di ricordare in quale occasione.

2. Invita un socio d'affari a una cena.

16. Il tuo socio chiede il conto, ma tu vorresti offrirgli il pranzo.

21. Il tuo ospite sta per partire. Digli di salutare un'altra persona da parte tua.

17. Sei in riunione, ma improvvisamente non ti senti bene. Che cosa dici?

18. Il tuo ospite italiano ha perso il portafoglio. Che cosa gli consigli di fare?

19. Proponi al tuo ospite italiano di visitare un monumento della tua città. Spiegagli come ci si arriva.

20. Spiega a un collega italiano l'orario di lavoro nella tua ditta.

1. Accetta l'invito a pranzo di un collega italiano.

PARTENZA

Gioco delle relazioni – Tabellone

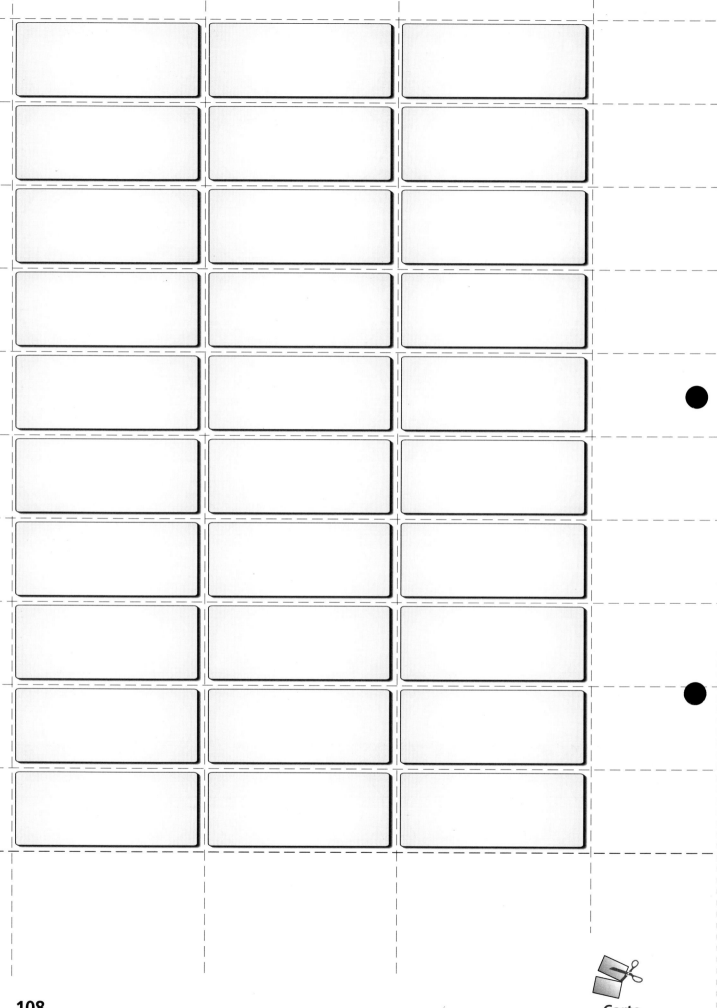

Carte

© Ernst Klett Verlag GmbH, Stoccarda 2000 e Bonacci editore, Roma 2001

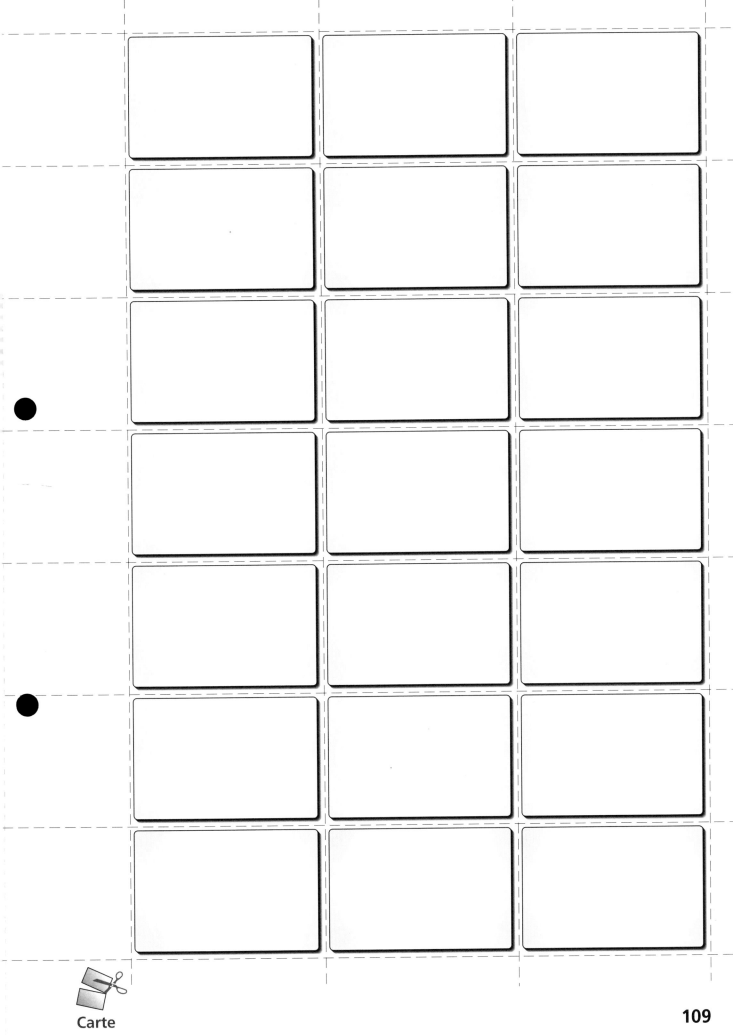

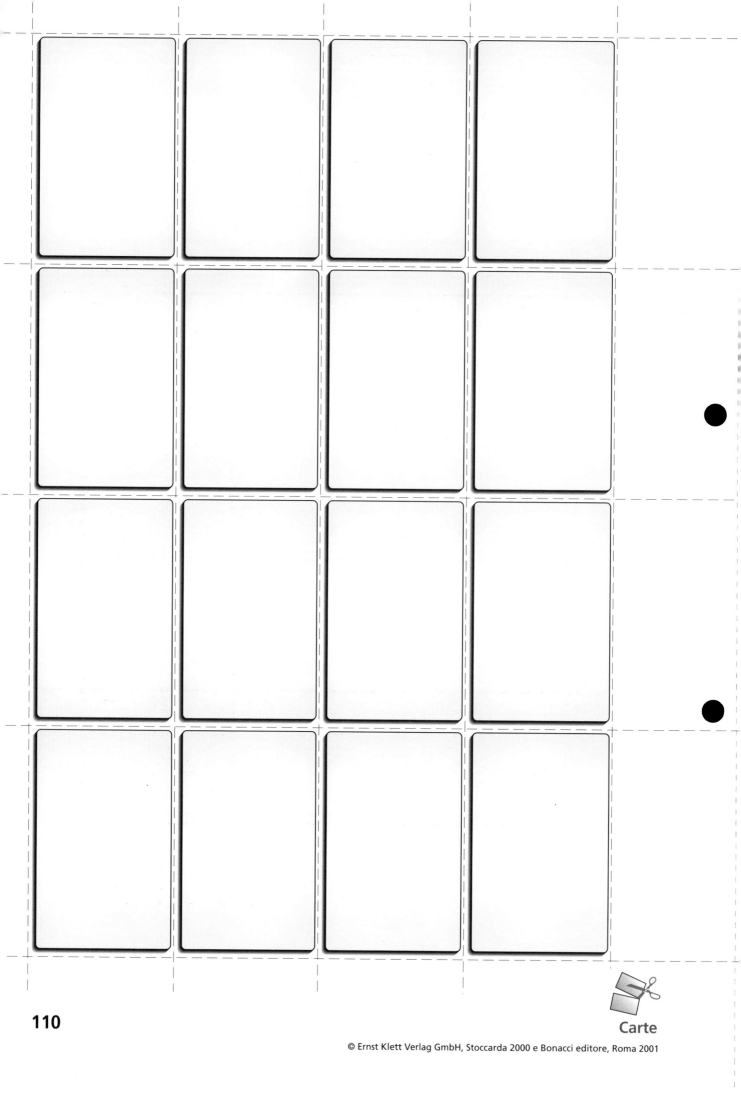

Carte

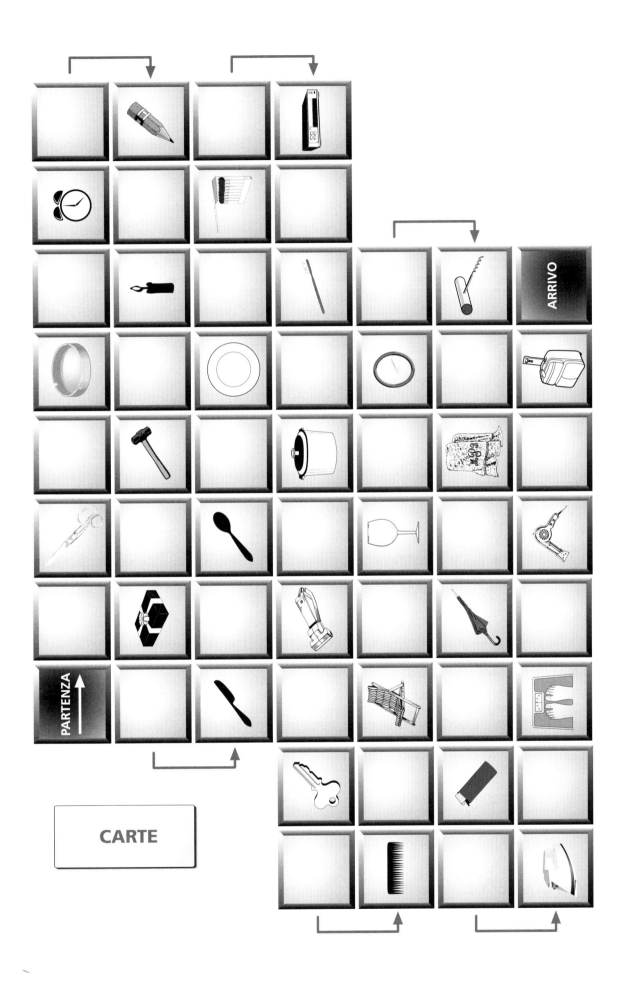

CARTE

PARTENZA

ARRIVO

 Tabellone

© Ernst Klett Verlag GmbH, Stoccarda 2000 e Bonacci editore, Roma 2001

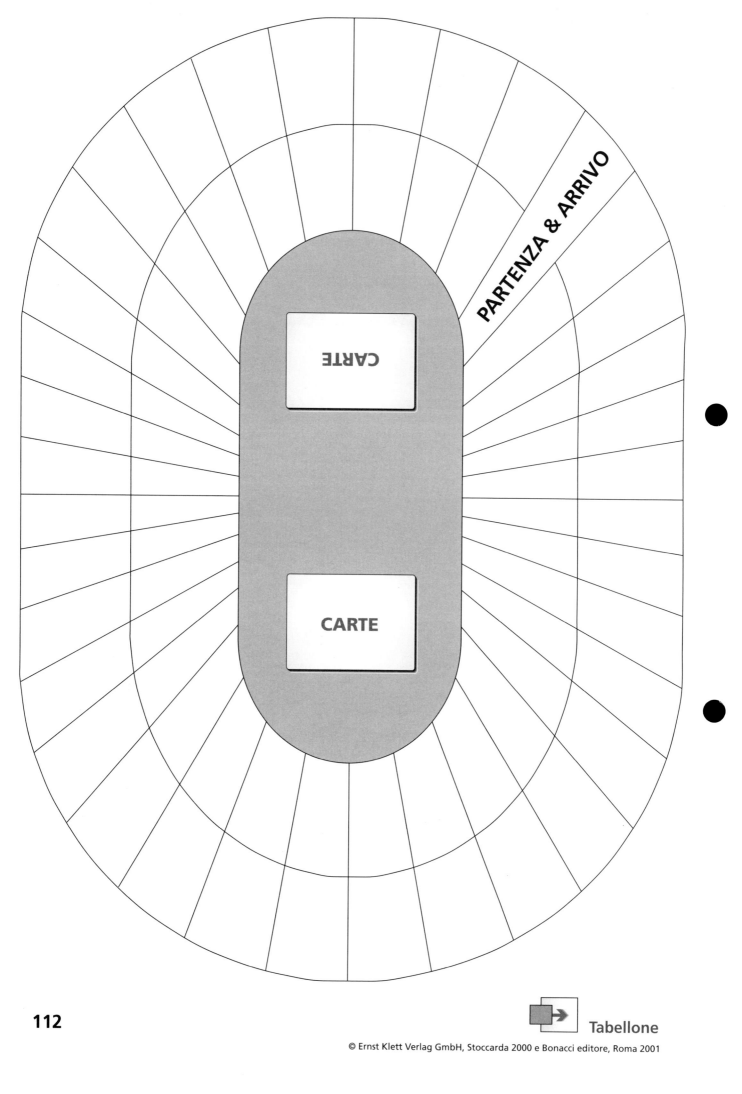

PARTENZA & ARRIVO

CARTE

CARTE

112

Tabellone

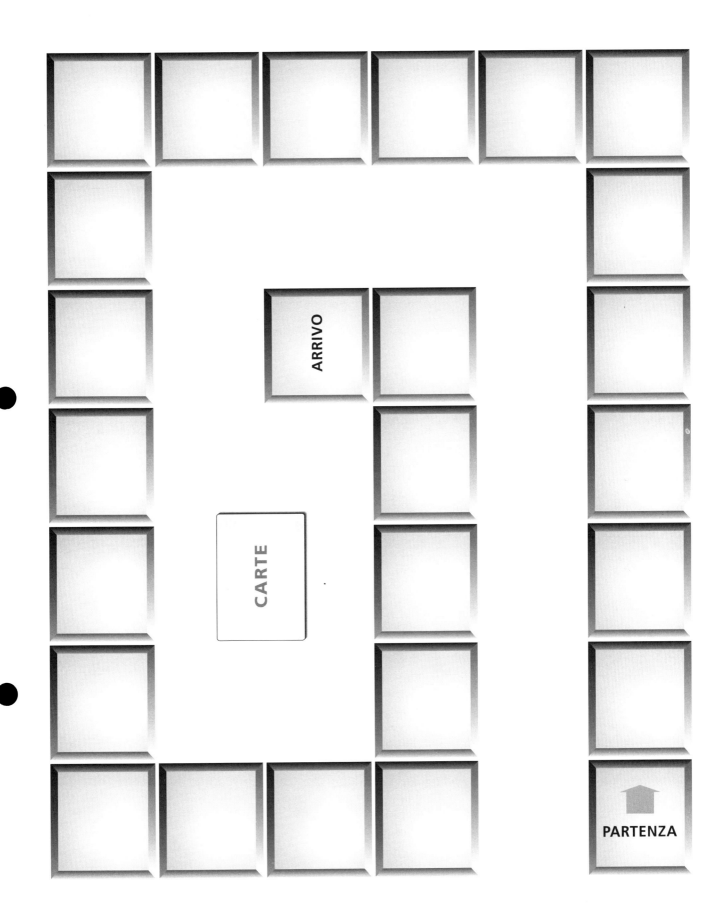

ARRIVO

CARTE

PARTENZA

 Tabellone

note

L'italiano per stranieri

Amato
Mondo italiano
testi autentici sulla realtà sociale e culturale italiana
• libro dello studente
• quaderno degli esercizi

Ambroso e Stefancich
Parole
10 percorsi nel lessico italiano - esercizi guidati

Avitabile
Italian for the English-speaking

Balboni
GrammaGiochi
per giocare con la grammatica

Barki e Diadori
Pro e contro
conversare e argomentare in italiano
• **1** liv. intermedio - libro dello studente
• **2** liv. intermedio-avanzato - libro dello studente
• guida per l'insegnante

Battaglia
Grammatica italiana per stranieri

Battaglia
Gramática italiana para estudiantes de habla española

Battaglia
Leggiamo e conversiamo
letture italiane con esercizi per la conversazione

Battaglia e Varsi
Parole e immagini
corso elementare di lingua italiana per principianti

Bettoni e Vicentini
Passeggiate italiane
lezioni di italiano - livello avanzato

Bettoni e Vicentini
Imparare dal vivo **
lezioni di italiano - livello avanzato
• manuale per l'allievo
• chiavi per gli esercizi

Buttaroni
Letteratura al naturale
autori italiani contemporanei con attività di analisi linguistica

Camalich e Temperini
Un mare di parole
letture ed esercizi di lessico italiano

Carresi, Chiarenza e Frollano
L'italiano all'Opera
attività linguistiche attraverso 15 arie famose

Cherubini
L'italiano per gli affari
corso comunicativo di lingua e cultura aziendale
• manuale di lavoro
• 1 audiocassetta

Chiappini e De Filippo
Un giorno in Italia 1
corso di italiano per stranieri - primo livello
• libro dello studente + audio CD
• guida per l'insegnante

Cini
Strategie di scrittura
quaderno di scrittura - livello intermedio

Deon, Francini e Talamo
Amor di Roma
Roma nella letteratura italiana del Novecento
testi con attività di comprensione
livello intermedio-avanzato

Diadori
Senza parole
100 gesti degli italiani

du Bessé
PerCORSO GUIDAto guida di **Roma**
con attività ed esercizi di italiano per stranieri

du Bessé
PerCORSO GUIDAto guida di **Firenze**
con attività ed esercizi di italiano per stranieri

du Bessé
PerCORSO GUIDAto guida di **Venezia**
con attività ed esercizi di italiano per stranieri

Gruppo META
Uno
corso comunicativo di italiano - primo livello
• libro dello studente
• libro degli esercizi e grammatica
• guida per l'insegnante
• 3 audiocassette

Gruppo META
Due
corso comunicativo di italiano - secondo livello
• libro dello studente
• libro degli esercizi e grammatica
• guida per l'insegnante
• 4 audiocassette

Gruppo NAVILE
Dire, fare, capire
l'italiano come seconda lingua
• libro dello studente
• guida per l'insegnante
• 1 audiocassetta

Humphris, Luzi Catizone, Urbani
Comunicare meglio
corso di italiano - livello intermedio-avanzato
• manuale per l'allievo
• manuale per l'insegnante
• 4 audiocassette

Istruzioni per l'uso dell'italiano in classe 1
88 suggerimenti didattici per attività comunicative

Istruzioni per l'uso dell'italiano in classe 2
111 suggerimenti didattici per attività comunicative

Istruzioni per l'uso dell'italiano in classe 3
22 giochi da tavolo

Jones e Marmini
Comunicando s'impara
esperienze comunicative
• libro dello studente
• libro dell'insegnante

Maffei e Spagnesi
Ascoltami!
22 situazioni comunicative
• manuale di lavoro
• 2 audiocassette

Marmini e Vicentini
Passeggiate italiane
lezioni di italiano - livello intermedio

Marmini e Vicentini
Imparare dal vivo *
lezioni di italiano - livello intermedio
• manuale per l'allievo
• chiavi per gli esercizi

Marmini e Vicentini
Ascoltare dal vivo
manuale di ascolto - livello intermedio
• quaderno dello studente
• libro dell'insegnante
• 3 audiocassette

Paganini
ìssimo
quaderno di scrittura - livello avanzato

Pontesilli
I verbi italiani
modelli di coniugazione

Quaderno IT - n. 3
esame per la certificazione dell'italiano come L2 - livello avanzato
prove del 1998 e del 1999
• volume + audiocassetta

Radicchi
Corso di lingua italiana
livello elementare
• manuale di lavoro
• 1 audiocassetta

Radicchi
Corso di lingua italiana
livello intermedio

Radicchi
In Italia
modi di dire ed espressioni idiomatiche

Stefancich
Cose d'Italia
tra lingua e cultura

Stefancich
Tracce di animali
nella lingua italiana tra lingua e cultura

Svolacchia e Kaunzner
Suoni, accento e intonazione
corso di ascolto e pronuncia
• manuale
• set 5 CD audio

Totaro e Zanardi
Quintetto italiano
approccio tematico multimediale - livello avanzato
• libro dello studente con esercizi
• libro per l'insegnante
• 2 audiocassette
• 1 videocassetta

Ulisse
Faccia a faccia
attività comunicative
livello elementare-intermedio

Urbani
Senta, scusi...
programma di comprensione auditiva
con spunti di produzione libera orale
• manuale di lavoro
• 1 audiocassetta

Urbani
Le forme del verbo italiano

Verri Menzel
La bottega dell'italiano
antologia di scrittori italiani del Novecento

Vicentini e Zanardi
Tanto per parlare
materiale per la conversazione - livello medio-avanzato
• libro dello studente
• libro dell'insegnante

Linguaggi settoriali

Ballarin e Begotti
Destinazione Italia
l'italiano per operatori turistici
• manuale di lavoro
• 1 audiocassetta

Cherubini
L'italiano per gli affari
corso comunicativo di lingua e cultura aziendale
• manuale di lavoro
• 1 audiocassetta

Spagnesi
Dizionario dell'economia e della finanza

in collaborazione con l'Università per Stranieri di Siena:
Dica 33
il linguaggio della medicina
• libro dello studente
• guida per l'insegnante
• 1 audiocassetta

L'arte del costruire
• libro dello studente
• guida per l'insegnante

Una lingua in pretura
il linguaggio del diritto
• libro dello studente
• guida per l'insegnante
• 1 audiocassetta

Bonacci editore

Classici italiani per stranieri
testi con parafrasi a fronte* e note

1. Leopardi • *Poesie**
2. Boccaccio • *Cinque novelle**
3. Machiavelli • *Il principe**
4. Foscolo • *Sepolcri e sonetti**
5. Pirandello • *Così è (se vi pare)*
6. D'Annunzio • *Poesie**
7. D'Annunzio • *Novelle*
8. Verga • *Novelle*
9. Pascoli • *Poesie**
10. Manzoni • *Inni, odi e cori**
11. Petrarca • *Poesie**
12. Dante • *Inferno**
13. Dante • *Purgatorio**
14. Dante • *Paradiso**
15. Goldoni • *La locandiera*
16. Svevo • *Una burla riuscita*

Libretti d'Opera per stranieri
testi con parafrasi a fronte* e note

1. *La Traviata**
2. *Cavalleria rusticana**
3. *Rigoletto**
4. *La Bohème**
5. *Il barbiere di Siviglia**
6. *Tosca**
7. *Le nozze di Figaro*
8. *Don Giovanni*
9. *Così fan tutte*
10. *Otello**

Letture italiane per stranieri

1. Marretta • *Pronto, commissario...? 1*
16 racconti gialli con soluzione
ed esercizi per la comprensione del testo

2. Marretta • *Pronto, commissario...? 2*
16 racconti gialli con soluzione
ed esercizi per la comprensione del testo

3. Marretta • *Elementare, commissario!*
8 racconti gialli con soluzione
ed esercizi per la comprensione del testo

Mosaico italiano

1. Santoni • *La straniera*
2. Nabboli • *Una spiaggia rischiosa*
3. Nencini • *Giallo a Cortina*
4. Nencini • *Il mistero del quadro di Porta Portese*
5. Santoni • *Primavera a Roma*
6. Castellazzo • *Premio letterario*
7. Andres • *Due estati a Siena*
8. Nabboli • *Due storie*
9. Santoni • *Ferie pericolose*
10. Andres • *Margherita e gli altri*

Pubblicazioni di glottodidattica

Celentin, Dolci - *La formazione di base del docente di italiano per stranieri*

I libri dell'Arco

1. Balboni • *Didattica dell'italiano a stranieri*

2. Diadori • *L'italiano televisivo*

3. Micheli • *Test d'ingresso di italiano per stranieri*

4. Benucci • *La grammatica nell'insegnamento dell'italiano a stranieri*

5. AA.VV. • *Curricolo d'italiano per stranieri*

6. Coveri, Benucci e Diadori • *Le varietà dell'italiano*

Bonacci editore

Finito di stampare
nel mese di ottobre 2001
dalla TIBERGRAPH s.r.l.
Città di Castello (PG)